Einleitung zum Hebräerbrief

Einleitung zum Hebräerbrief

unter der Aufsicht von
David Young

Theologische Grundlagen

Library of Congress Cataloging-in-Publication Data
Bibliografische Katalogisierung der Library of
Congress

David Young (Ersteller).
[Introduction to the Letter to the Hebrews / David Young] Einleitung
zum Hebräerbrief / David Young
122 + x Seiten. cm. 12,7 x 20,32
ISBN 979-8-89731-996-1 (Druckausgabe)
ISBN 979-8-89731-994-7 (Ebook)
ISBN 979-8-89731-136-1 (Kindle)
    1.   Bibel. N.T. Hebräer — Einführungen
    2.   Bibel. N.T. Hebräer — Kritik, Auslegung, usw.
BS2775.3 .Y68 2025d

Dieses Buch ist in anderen Sprachen erhältlich unter www.DTLPress.com

Titelbild: Blatt aus einer illuminierten Handschrift des Hebräerbriefs, angefertigt 1101 von Joannes Koulix. Bildnachweis: MetMuseum.org, Bild 1991.232.15

Inhalt

Vorwort zur Reihe

Künstliche Intelligenz (KI) verändert alles, auch die theologische Wissenschaft und Lehre. Die Reihe „Theologische Grundlagen" soll das kreative Potenzial von KI in die theologische Ausbildung einbringen. Im traditionellen Modell verbrachte ein Wissenschaftler, der sowohl den wissenschaftlichen Diskurs beherrschte als auch erfolgreich im Unterricht tätig war, mehrere Monate – oder sogar Jahre – damit, einen Einführungstext zu schreiben, zu überarbeiten und neu zu schreiben. Dieser Text wurde dann an einen Verlag weitergeleitet, der ebenfalls Monate oder Jahre in die Produktion investierte. Obwohl das Endprodukt in der Regel recht vorhersehbar war, trieb dieser langsame und teure Prozess die Preise für Lehrbücher in die Höhe. Infolgedessen zahlten Studierende in Industrieländern mehr als nötig für die Bücher, und Studierende in Entwicklungsländern hatten meist keinen Zugang zu diesen (unerschwinglichen) Lehrbüchern, bis sie Jahrzehnte später als Ausschussware oder Spenden auftauchten. In früheren Generationen machte die Notwendigkeit der Qualitätssicherung – in Form von Inhaltserstellung, Expertenprüfung, Lektorat und Druckzeit – diesen langsamen, teuren und ausgrenzenden Ansatz möglicherweise unvermeidlich. KI verändert jedoch alles.

Diese Reihe ist ganz anders; sie wurde von KI erstellt. Der Einband jedes Bandes kennzeichnet das Werk als „unter Aufsicht" eines Experten auf dem jeweiligen Gebiet erstellt. Diese Person ist jedoch kein

Autor im herkömmlichen Sinne. Der Autor jedes Bandes wurde von den DTL-Mitarbeitern im Umgang mit KI geschult und nutzte KI, um den angezeigten Text zu erstellen, zu bearbeiten, zu überarbeiten und neu zu gestalten. Nachdem dieser Erstellungsprozess klar definiert ist, möchte ich nun die Ziele dieser Reihe erläutern.

Unsere Ziele

Glaubwürdigkeit: Obwohl KI in den letzten Jahren enorme Fortschritte gemacht hat und weiterhin macht, kann keine unbeaufsichtigte KI einen wirklich zuverlässigen oder glaubwürdigen Text auf Hochschul- oder Seminarniveau erstellen. Die Einschränkungen KI-generierter Inhalte liegen manchmal in den Inhalten selbst (möglicherweise ist das Trainingsset unzureichend), häufiger jedoch ist die Unzufriedenheit der Nutzer mit KI-generierten Inhalten auf menschliche Fehler zurückzuführen, die auf mangelhaftes Prompt-Engineering zurückzuführen sind. Der DTL-Verlag versucht, beide Probleme zu lösen, indem er etablierte Wissenschaftler mit anerkannter Expertise für die Erstellung von Büchern in ihren Fachgebieten engagiert und diese Wissenschaftler und Experten in KI-Prompt-Engineering ausbildet. Um es klarzustellen: Der Wissenschaftler, dessen Name auf dem Cover dieses Werks erscheint, hat diesen Band geschaffen – er hat das Werk erstellt, gelesen, überarbeitet, wiedergelesen und überarbeitet. Obwohl das Werk (in unterschiedlichem Maße) von KI erstellt wurde, erscheinen die Namen unserer wissenschaftlichen Autoren auf dem Cover als Garantie dafür, dass der Inhalt ebenso glaubwürdig ist wie jede Einführungsarbeit, die dieser Wissenschaftler/Autor nach traditionellem Vorbild verfasst hätte.

Erschwinglichkeit: Der DTL-Verlag ist der Ansicht verpflichtet, dass Erschwinglichkeit kein

Hindernis für Wissen darstellen sollte. Alle Menschen haben gleichermaßen das Recht auf Wissen und Verständnis. Daher sind E-Book-Versionen aller DTL-Verlagsbücher kostenlos in den DTL-Bibliotheken und als gedruckte Bücher gegen eine geringe Gebühr erhältlich. Unseren Wissenschaftlern/Autoren gebührt Dank für ihre Bereitschaft, auf traditionelle Lizenzvereinbarungen zu verzichten. (Unsere Autoren erhalten für ihre kreative Arbeit eine Vergütung, jedoch keine Tantiemen im herkömmlichen Sinne.)

Zugänglichkeit: DTL Press möchte hochwertige und kostengünstige Einführungslehrbücher weltweit für alle zugänglich machen. Die Bücher dieser Reihe sind ab sofort in mehreren Sprachen erhältlich. Auf Anfrage erstellt DTL Press Übersetzungen in weitere Sprachen. Die Übersetzungen werden selbstverständlich mithilfe künstlicher Intelligenz erstellt.

Unsere anerkannten Grenzen

Einige Leser werden sich möglicherweise fragen: "Aber KI kann doch nur bestehende Forschung zusammenfassen – sie kann keine originelle, innovative Wissenschaft hervorbringen." Diese Kritik ist weitgehend berechtigt. KI ist im Wesentlichen darauf beschränkt, vorhandene Ideen zu aggregieren, zu organisieren und neu zu formulieren – auch wenn sie dies in einer Weise tun kann, die zur Beschleunigung und Verfeinerung der wissenschaftlichen Produktion beiträgt. Dennoch möchte DTL Press zwei wichtige Punkte hervorheben: Einführende Texte sind in der Regel nicht dazu gedacht, bahnbrechend originell zu sein, sondern bieten eine fundierte Einführung in ein Fachgebiet. DTL Press bietet weitere Buchreihen an, die sich der Veröffentlichung von origineller Wissenschaft mit traditionellen Autorenschaften widmen.

Unsere Einladung

DTL Press möchte die akademische Publikationslandschaft in der Theologie grundlegend umgestalten, um wissenschaftliche Forschung zugänglicher und erschwinglicher zu machen – und zwar auf zwei Wegen. Erstens streben wir an, Einführungstexte für alle theologischen Fachbereiche zu generieren, sodass Studierende weltweit nicht mehr gezwungen sind, teure Lehrbücher zu kaufen. Unser Ziel ist es, dass Dozierende überall auf der Welt ein oder mehrere Bücher aus dieser Reihe als Einführungslektüre in ihren Kursen nutzen können. Zweitens möchten wir traditionell verfasste wissenschaftliche Monografien im Open Access (kostenfrei zugänglich) veröffentlichen, um auch fortgeschrittenen wissenschaftlichen Lesern hochwertigen Inhalt bereitzustellen.

Schließlich ist DTL Press konfessionell ungebunden und veröffentlicht Werke aus allen Bereichen der Religionswissenschaft und Theologie. Traditionell verfasste Bücher durchlaufen ein Peer-Review-Verfahren, während die Erstellung KI-generierter Einführungswerke allen Wissenschaftlern mit entsprechender Fachkompetenz zur inhaltlichen Überwachung offensteht.

Falls Sie das Engagement von DTL Press für Glaubwürdigkeit, Erschwinglichkeit und Zugänglichkeit teilen, laden wir Sie herzlich ein, mit uns die Welt des theologischen Publizierens zu verändern – sei es durch die Mitarbeit an dieser Reihe oder an einer unserer traditionellen wissenschaftlichen Veröffentlichungen.

Mit hohen Erwartungen,

Thomas E. Phillips

Geschäftsführer von DTL Press

Kapitel 1
Warum der Hebräerbrief wichtig ist

Der Hebräerbrief nimmt im Kanon des Neuen Testaments eine einzigartige und oft unterschätzte Stellung ein. Weder ein traditioneller Brief noch eine Evangelienerzählung, lässt er sich leicht kategorisieren. Er liest sich eher wie eine ausgedehnte Predigt – eine, die tiefgründige theologische Reflexion mit dringender pastoraler Ermahnung verbindet. Sein Autor, dessen Identität unbekannt bleibt, verfasst eine Botschaft von bemerkenswerter rhetorischer Kraft und biblischer Tiefe. Der Hebräerbrief spricht Verstand und Herz zugleich an, ruft die Leser dazu auf, über die Majestät Christi nachzudenken, warnt aber gleichzeitig vor geistiger Selbstgefälligkeit, die zum Abfall vom Glauben führen kann.

Im Mittelpunkt des Briefes steht ein majestätisches Bild von Jesus Christus – Sohn Gottes, großer Hohepriester und Mittler eines besseren Bundes. Dieses Bild wird durch eine Reihe von Schriftauslegungen und -vergleichen konstruiert. Der Autor stützt sich ausführlich auf das Alte Testament, insbesondere die Septuaginta, um zu zeigen, wie Jesus die Institutionen und Persönlichkeiten der Geschichte Israels erfüllt und übertrifft. Von Engeln und Mose bis hin zum levitischen Priestertum und der Stiftshütte weisen alle bisherigen Offenbarungen und Mittler auf Christus hin.

Im gesamten Brief tauchen mehrere Themen auf:

Die Überlegenheit Christi: Der Hebräerbrief beginnt mit einer kraftvollen Bestätigung der göttlichen Identität und Erlösungsmission Christi (Hebr. 1,1–4). Jesus wird als die letzte und endgültige Offenbarung Gottes dargestellt, erhaben über Engel, Propheten und frühere Boten.

Das himmlische Priestertum: Im Mittelpunkt des Briefes steht die Darstellung Jesu als Hohepriester, nicht in der Ordnung Aarons, sondern in der Ordnung Melchisedeks. Im Gegensatz zu den irdischen Priestern, die wiederholt Opfer darbringen, betritt Jesus das himmlische Heiligtum, um sich ein für alle Mal zu opfern (Hebr 4,14–5,10; 7,1–28).

Die Erfüllung der Heiligen Schrift: Der Autor des Hebräerbriefs liest das Alte Testament christologisch und verwendet Figuren wie Melchisedek und Texte wie Psalm 110 und Jeremia 31, um zu argumentieren, dass Jesus Gottes Bundesziele vollendet.

Beharrlichkeit im Glauben: Verwoben mit der Theologie ist eine Reihe dringender pastoraler Warnungen. Gläubige werden ermahnt, weiterzumachen, standhaft zu bleiben und die Gefahr des Abweichens zu vermeiden. Diese warnenden Passagen (z. B. Hebr. 2,1–4; 6,4–12; 10,26–31) unterstreichen die Schwere des Abfalls und die Notwendigkeit des Durchhaltens.

Neben seinem thematischen Reichtum besticht der Hebräerbrief durch seine literarische Kunstfertigkeit und rhetorische Raffinesse. Der Autor bedient sich häufig rhetorischer Mittel wie Inclusio, Analogie und Diatribe. Der Brief ist so strukturiert, dass sich Darlegung und Ermahnung abwechseln und so einen Rhythmus erzeugen, der zugleich lehrt und überzeugt. Weit davon entfernt, eine trockene theologische Abhandlung zu sein, ist der Hebräerbrief ein dynamischer Appell, der den Leser vom Verständnis zur Reaktion führt.

Warum sollte man heute den Hebräerbrief studieren? Die Gründe sind vielfältig:

Theologische Tiefe: Der Hebräerbrief bietet eine der tiefgründigsten Betrachtungen über die Person und das Werk Christi im Neuen Testament. Seine Auseinandersetzung mit Inkarnation, Priestertum, Sühne und Eschatologie lädt die Leser ein, das Geheimnis und die Erhabenheit von Gottes Erlösungsplan zu entdecken.

Schriftauslegung: Nur wenige Texte des Neuen Testaments zeugen von einer so nachhaltigen und kreativen Auseinandersetzung mit dem Alten Testament. Der Hebräerbrief ist ein Beispiel für eine Lesart der Heiligen Schrift, die tief christozentrisch und theologisch fundiert ist.

Pastorale Dringlichkeit: Der Brief richtete sich an Menschen, die unter Druck standen – versucht, aufzugeben oder umzukehren. Seine Mahnungen, standhaft zu bleiben und durchzuhalten, sind heute genauso aktuell wie damals, insbesondere in einer Welt, in der der Glaube oft durch Leid, Zweifel oder kulturelle Ausgrenzung auf die Probe gestellt wird.

Zeitgenössische Relevanz: In unserem pluralistischen und oft säkularen Zeitalter erinnert der Hebräerbrief die Gläubigen an die Einzigartigkeit Christi und die Unerschütterlichkeit des von ihm errichteten Reiches. Er fordert die Leser auf, ihre Identität, Hoffnung und Ausdauer in Jesus zu verankern, der gestern, heute und in Ewigkeit derselbe ist (Hebr. 13,8).

Liturgischer und religiöser Wert: Passagen wie Hebräer 4,14–16 und 10,19–25 dienen seit jeher als Grundlage für christlichen Gottesdienst und geistliches Vertrauen. Der Brief ermutigt Gläubige, sich mutig Gott zu nähern und auf die Fürsprache Christi zu vertrauen.

In diesem Lehrbuch werden wir uns kritisch und pastoral mit dem Hebräerbrief auseinandersetzen – sowohl mit seinem historischen Kontext als auch mit seiner bleibenden Bedeutung für die heutige Kirche. Indem wir uns mit der Struktur, der Theologie und den rhetorischen Strategien des Briefes auseinandersetzen, hoffen wir, seinen Aufruf, "mit Ausdauer den vor uns liegenden Weg zu laufen" (Hebr 12,1), neu zu vernehmen. Der Hebräerbrief ist nicht nur eine alte Predigt an eine vergessene Gemeinde; er ist ein lebendiges Wort, das die Nachfolger Jesu Christi weiterhin herausfordert, tröstet und beauftragt.

Kapitel 2
Historischer Kontext und Hintergrund

Der Hebräerbrief entstand aus einer komplexen und dynamischen Verbindung religiöser Traditionen, kultureller Einflüsse und gesellschaftspolitischer Zwänge. Er ist keine abstrakte theologische Abhandlung, sondern ein tief kontextbezogenes Dokument, geprägt von der Lebenswirklichkeit seiner Leserschaft – vermutlich einer Gruppe jüdischer Christen oder gottesfürchtiger Nichtjuden, die in der jüdischen Tradition verwurzelt waren, sich jedoch den verwirrenden Herausforderungen von Ausgrenzung und religiösem Wandel gegenübersahen. Um die theologischen Argumente und pastoralen Ermahnungen des Hebräerbriefs zu verstehen, muss man sich eingehend mit der vielschichtigen Matrix des Judentums des Zweiten Tempels, der griechisch-römischen intellektuellen Strömungen und der Identitätskämpfe des frühen Christentums auseinandersetzen.

Im Mittelpunkt des Hebräerbriefs steht die intensive Auseinandersetzung mit der theologischen Grammatik des Judentums des Zweiten Tempels. Der Jerusalemer Tempel mit seiner levitischen Priesterschaft und seinem komplexen Opfersystem bot nicht nur den rituellen Rahmen für den Gottesdienst, sondern auch eine kosmologische und bundespolitische Perspektive, durch die die alten Juden ihre Beziehung zu Gott verstanden. Der Versöhnungstag, liturgisches Herzstück des jüdischen Kalenders, verkörperte die Hoffnung auf Reinigung, Versöhnung und göttlichen Zugang. Der Hebräerbrief greift diese kultische Symbolik mit theologischer Präzision auf und interpretiert Jesus als den höchsten Hohepriester, dessen Selbstaufopferung die Grenzen der levitischen Ordnung übersteigt. Dieser Schritt ist weder allegorisch noch abwertend gemeint; er spiegelt eine tiefgreifende theologische Neuausrichtung wider, in der die Kategorien von Opfer und Priesterschaft in Christi himmlischem Wirken erfüllt – und nicht aufgehoben – werden (vgl. Hebr 4–10).

Entscheidend für diese Neuinterpretation ist die Verwendung der Heiligen Schrift im Hebräerbrief, insbesondere der Septuaginta – der griechischen Übersetzung der hebräischen Bibel. Dass sich der Hebräerbrief auf Texte wie Psalm 110, Exodus 25–28 und Jeremia 31 stützt, dient nicht der Beweisführung, sondern einer hermeneutischen Strategie, um Jesus in die Bundeserzählung Israels einzubetten. Der Hebräerbrief liest die Geschichte Israels nicht als überholt, sondern als in Christus eschatologisch erfüllt. Der neue Bund negiert den alten nicht, sondern erfüllt dessen tiefste Verheißungen. Jesus wird nicht nur als Fortsetzung der Bundeslinie dargestellt, sondern als deren Höhepunkt – der Sohn, der einen besseren Bund vermittelt, der auf besseren Verheißungen beruht (Hebr 8,6). Dieser Ansatz spiegelt ein frühchristliches Muster typologischer Interpretation wider, bei dem historische und liturgische Elemente als vorweggenommene Schatten des endgültigen Werkes Christi gesehen werden.

Darüber hinaus ist sich der Brief der eschatologischen Hoffnungen bewusst, die das Judentum des ersten Jahrhunderts durchdrangen. Die apokalyptische Literatur dieser Zeit – von den Schriftrollen vom Toten Meer bis zum ersten Henochbrief – zeugt von einer weit verbreiteten Sehnsucht nach göttlichem Eingreifen, messianischer Erlösung und kosmischer Erneuerung. Der Hebräerbrief greift diese Erwartungsstimmung auf, indem er Jesus sowohl als den erwarteten davidischen König als auch als eschatologischen Hohepriester darstellt, der ein für alle Mal ins himmlische Heiligtum eingegangen ist (Hebr 9,11–12). Seine Erhöhung zur Rechten Gottes ist nicht nur eine Belohnung für Gehorsam, sondern eine theologische Bestätigung der eingeleiteten Eschatologie: Die Zukunft ist in die Gegenwart eingebrochen, und die himmlische Realität definiert nun den wahren Ort der Anbetung.

Gleichzeitig spiegelt der Brief die intellektuelle Reife der hellenistischen Welt wider. Seine elegante griechische Prosa und rhetorische Kohärenz lassen auf einen Autor schließen, der in der griechisch-römischen Paideia verwurzelt war. Wissenschaftler haben Ähnlichkeiten mit dem mittelplatonischen Denken festgestellt, insbesondere im Kontrast des Briefes zwischen zeitlichen, irdischen Abbildern und ewigen, himmlischen Realitäten (vgl. Hebr 8,5; 9,23). Der

Hebräerbrief kapituliert jedoch nicht vor dem Dualismus; vielmehr adaptiert er vorherrschende philosophische Idiome, um eine jüdisch-theologische Vision zu untermauern. Die himmlische Stiftshütte ist keine Flucht vor der Materialität, sondern der wahre Ort göttlicher Gegenwart, für die das irdische Heiligtum ein von Gott gewolltes Symbol war. So veranschaulicht der Hebräerbrief die Fähigkeit der frühen Christen, sich kritisch und konstruktiv mit dem umgebenden philosophischen Diskurs auseinanderzusetzen.

Der soziopolitische Kontext des Hebräerbriefs unterstreicht seine Dringlichkeit zusätzlich. Obwohl der Brief nicht explizit auf kaiserliche Verfolgung Bezug nimmt, zeugt er von einer Gemeinde, die Ächtung, Verlust von Besitz und öffentliche Schande erlebte (Hebr 10,32–34). Dieser Druck kam vermutlich von mehreren Seiten: Trennung von der Synagoge, Misstrauen der römischen Behörden und Entfremdung von früheren sozialen und wirtschaftlichen Unterstützungsnetzwerken. Der pastorale Tenor des Briefes – seine wiederholten Aufrufe zur Beharrlichkeit, seine Warnungen vor Abfall vom Glauben und sein Verweis auf das Leiden Christi – lässt auf eine Gemeinde am Rande der spirituellen Erschöpfung schließen. Der Hebräerbrief reagiert nicht mit Triumphalismus, sondern mit einer Theologie des Durchhaltens, die in der Treue Jesu, des Pioniers und Vollenders des Glaubens, wurzelt (Hebr 12,2).

Vor diesem Hintergrund offenbart der Hebräerbrief auch den umstrittenen und übergangshaften Charakter der frühchristlichen

Identität. Die Grenzen zwischen Juden und Christusnachfolgern waren noch nicht klar gezogen. Viele frühe Gläubige nahmen weiterhin am Synagogenleben teil, pflegten jüdische Bräuche und identifizierten sich im breiteren Rahmen jüdischer Frömmigkeit. Der Hebräerbrief steht an der Schwelle zu einem neuen theologischen Horizont. Er bekräftigt Israels heilige Geschichte und besteht gleichzeitig darauf, dass diese Geschichte im auferstandenen Christus ihr Ziel erreicht. Die Behauptung, der Alte Bund sei "überholt" (Hebr 8,13), muss als Erklärung der Erfüllung und nicht als Ablehnung verstanden werden. Überholt ist nicht die Wahrheit der Bundesgeschichte Israels, sondern ihre vorläufigen und vorwegnehmenden Formen.

Dieser theologische Wandel erstreckt sich auch auf das kirchliche und liturgische Selbstverständnis. Ob der Jerusalemer Tempel noch stand oder erst kürzlich eingestürzt war, der Hebräerbrief fordert seine Leser auf, ihren Blick von irdischen Ritualen auf die von Christus eingeführte himmlische Liturgie zu richten. Der Zugang zu Gott wird nicht mehr durch levitische Priester vermittelt, sondern durch den erhabenen Sohn, der im wahren Heiligtum Fürsprache einlegt. Diese Neuorientierung stellt einen grundlegenden Wandel in der Konzeptualisierung von heiligem Raum, heiliger Zeit und priesterlicher Autorität dar. Sie markiert den Übergang von einer Religion überlieferter Formen zu einer eschatologischen Realität – ein Schritt, der einen Großteil der späteren christlichen Theologie prägen sollte.

Zusammenfassend lässt sich sagen, dass der Hebräerbrief eine meisterhafte Synthese aus theologischer Tradition, kulturellem Engagement und pastoraler Ermahnung darstellt. Er schöpft aus den tiefen Quellen der jüdischen Bundestheologie, nutzt die konzeptionellen Ressourcen der hellenistischen Philosophie und befasst sich mit den existenziellen Sorgen einer bedrängten Gemeinschaft. Sein Aufruf zur Treue ist weder nostalgisch noch eskapistisch, sondern verwurzelt in der beständigen Realität des himmlischen Priestertums Christi. Indem er das Christusereignis in den großen Bogen der Erlösungsgeschichte und der kosmischen Realität einordnet, bietet der Hebräerbrief eine überzeugende Vision christlicher Identität – eine, die tief in der Person und dem Werk Jesu Christi verwurzelt ist und sich darin radikal neu ausrichtet.

Kapitel 3
Urheberschaft

Der Hebräerbrief ist der einzige bedeutende frühchristliche Text im Neuen Testament, dessen Autor völlig anonym ist. Anders als die Briefe des Paulus beginnt er ohne Anrede, ohne persönliche Unterschrift und ohne direkten Autoritätsanspruch. Trotz dieses Schweigens fand er einen festen Platz im christlichen Kanon. Vom zweiten Jahrhundert bis heute diskutieren Leser darüber, wer ein so rhetorisch geschliffenes, theologisch tiefgründiges und biblisch reiches Werk verfasst haben könnte. Die Frage nach der Urheberschaft ist zwar historisch schwer fassbar, aber nicht nebensächlich. Sie überschneidet sich mit übergeordneten Fragen nach Autorität, Tradition und der Art und Weise, wie die frühe Kirche erkannte, welche Texte ein dauerhaftes Zeugnis für das Evangelium ablegten.

Im späten zweiten Jahrhundert wurde der Name Paulus, insbesondere in alexandrinischen Kreisen, eng mit dem Hebräerbrief in Verbindung gebracht. Einige Autoren, wie Clemens von Alexandria, bestätigten die paulinische Autorschaft uneingeschränkt und vermuteten sogar, Paulus habe seinen Namen weggelassen, um jüdische Leser nicht zu beleidigen. Andere, wie Origenes, äußerten Zweifel; wieder andere schlugen ganz andere Figuren vor. Im Fall des Hebräerbriefs dürfte seine frühe Aufnahme in griechische Sammlungen paulinischer Briefe seine Anerkennung und Verwendung in den Kirchen gefördert haben. Obwohl anonym, gewann der Hebräerbrief unter anderem durch seine Nähe zur paulinischen Tradition an Glaubwürdigkeit, was dazu beitrug, ihn in der apostolischen Autorität zu verankern und den Weg für seine spätere Heiligsprechung zu ebnen.

Die moderne Forschung lehnt die Autorschaft Paulus aus sprachlichen und theologischen Gründen überwiegend ab. Das Griechisch des Hebräerbriefs ist eleganter und literarischer als die oft raue Prosa des Paulus. Die Argumentation ist strukturiert, der Wortschatz unverwechselbar, und die theologischen Schwerpunkte – insbesondere der Fokus auf Jesu himmlisches Priestertum – sind in den unumstrittenen Paulusbriefen beispiellos. Zudem gibt der Autor zu, das Evangelium durch andere empfangen zu haben (Hebr 2,3), eine Behauptung, die im Widerspruch zu Paulus' Beharren auf einer direkten Offenbarung (Gal 1,12) zu stehen scheint. Diese Faktoren zusammengenommen haben Wissenschaftler dazu veranlasst, nach anderen Autoren zu suchen.

Es wurden mehrere Vorschläge unterbreitet, die jeweils die intellektuelle Komplexität und theologische Tiefe des Briefes zu erklären versuchen. Barnabas, ein frühchristlicher Führer und Gefährte des Paulus, wurde als eine Möglichkeit genannt. Apollos, ein eloquenter Alexandriner, der in der Apostelgeschichte als "mächtig in der Schrift" beschrieben wird, bleibt eine beliebte Wahl, insbesondere angesichts der rhetorischen Raffinesse des Briefes und der reichen Verwendung des Alten Testaments. Andere schlugen Lukas vor, da sie einige stilistische Ähnlichkeiten bemerkten, oder Priscilla, deren Bedeutung in der frühen Kirche und deren Wegfall in der Überlieferung des Briefes durch geschlechtsspezifische Vorurteile erklärt werden könnte. Doch keine dieser Theorien hat breite Zustimmung gefunden.

Trotz seiner Anonymität übte der Hebräerbrief erheblichen Einfluss auf die frühe Kirche aus. Seine Darstellung Christi als Hohepriester, seine differenzierte Auslegung der Heiligen Schrift und seine Mahnungen zur Beharrlichkeit fanden Anklang in christlichen Gemeinden, die sozialem und theologischem Druck ausgesetzt waren. Zwar war die Urheberschaft ungewiss, die theologische Aussagekraft des Briefes jedoch nicht. Dennoch trug die – wenn auch vorsichtige – Verbindung des Hebräerbriefs mit Paulus dazu bei, ihn im sich entwickelnden Kanon zu positionieren und ihm apostolisches Prestige zu verleihen, das seine Rezeption förderte.

Letztlich unterstreicht die Anonymität des Hebräerbriefs seine Botschaft. Wie der Melchisedekbrief erscheint auch dieser Brief ohne Genealogie; seine Autorität gründet sich nicht auf den Namen seines menschlichen Autors, sondern auf das transzendente Wort, das er trägt. Der Hebräerbrief lädt seine Leser ein, ihren Blick von der Frage nach der Herkunft auf denjenigen zu richten, in dem Gott vollständig und endgültig gesprochen hat: Jesus Christus, den Sohn.

Kapitel 4
Publikum und Anlass

Wenn die Urheberschaft eines der ungelösten Rätsel des Hebräerbriefs ist, so ist die Identität seines Adressaten kaum weniger schwer fassbar. Der Brief – oder die Predigt, wie manche ihn nennen – enthält weder eine direkte Adresse noch einen konkreten Ort und keine offensichtlichen historischen Markierungen. Dennoch kommuniziert der Brief mit unmissverständlicher pastoraler Dringlichkeit und wendet sich an eine Gemeinde, die unter Druck steht, Gefahr läuft, spirituell abzudriften und der Ermahnung zum Durchhalten bedarf. Wer waren diese Menschen? Und welche Umstände lösten eine so anhaltende theologische und rhetorische Reaktion aus?

Die gängigste Annahme ist, dass das Publikum aus jüdischen Christen bestand. Der Inhalt des Hebräerbriefs stützt diese Annahme: Die intensive Auseinandersetzung mit den hebräischen Schriften, die Vertrautheit mit levitischen Ritualen und Bundeskategorien sowie die anhaltende Konzentration auf Priestertum, Opfer und Stiftshütte deuten alle in diese Richtung. "Judenchristen" ist jedoch eine weit gefasste und umstrittene Bezeichnung. Sie kann sich auf ethnisch jüdische Jesusgläubige beziehen, auf Nichtjuden in jüdisch-christlichen Gemeinden oder auf

Christen, die tief in den Schriften und der kultischen Vorstellungswelt Israels verwurzelt sind. Der Hebräerbrief verwendet nie das Wort "Jude", und seine Argumentation ist nicht ethnisch, sondern theologisch aufgebaut. Es ist daher besser, sich das Publikum als eine Gruppe von Christusnachfolgern vorzustellen, die in der symbolischen und biblischen Welt des Judentums des Zweiten Tempels verwurzelt waren – sei es durch Geburt, Zugehörigkeit oder Erziehung.

Die soziale Situation der Zuhörer lässt sich aus mehreren Hinweisen im Text erschließen. Hebräer 10,32–34 bezieht sich auf eine "frühere Zeit", als die Gemeinde Verfolgung, öffentliche Bloßstellung und Plünderung ihres Besitzes erdulden musste. Diese Ereignisse scheinen der Vergangenheit anzugehören, doch ihre Erinnerung prägt die Gegenwart. Der Brief warnt wiederholt vor dem Abfall und fordert die Leser auf, "festzuhalten" (4,14; 10,23). Dies deutet nicht nur auf äußeren Druck, sondern auch auf innere Erschöpfung hin. Möglicherweise liegt das Problem nicht in einer offenen Ablehnung Christi, sondern in einem schleichenden Glaubensverlust, möglicherweise aufgrund von Erschöpfung, Desillusionierung oder sozialer Isolation.

Einige Wissenschaftler spekulieren, die Zuhörer seien der Versuchung ausgesetzt gewesen, zum Judentum zurückzukehren oder in gesellschaftlich akzeptableren religiösen Formen Zuflucht zu suchen. Diese Lesart ist zwar plausibel, birgt aber die Gefahr, sowohl das Judentum als auch das frühe Christentum zu stark zu vereinfachen. Die Idee der "Rückkehr" setzt einen klaren Abschied voraus, während sich viele frühe Gläubige möglicherweise innerhalb der Grenzen des jüdischen Bundeslebens sahen, selbst als sie Jesus als Messias nachfolgten. Der Autor des Hebräerbriefs wirft den Zuhörern nicht vor, das Judentum aufgegeben zu haben, sondern ruft sie dazu auf, zu erkennen, dass die Verheißungen der Heiligen Schrift in Christus erfüllt wurden. Es geht nicht um religiöse Identität an sich, sondern um Treue zum offenbarten Wort Gottes im Sohn.

Der geografische Ort der Empfängerschaft bleibt ungewiss. Rom ist eine naheliegende Möglichkeit, teilweise aufgrund der Erwähnung der "Italiener" im Schlussgruß (13,24). Die römische Kirche des ersten Jahrhunderts umfasste sowohl jüdische als auch nichtjüdische Mitglieder und war, insbesondere unter Claudius und Nero, periodischen Spannungen sowie kaiserlicher Kontrolle ausgesetzt. Ein römischer Kontext könnte sowohl die Verfolgungshinweise als auch den kultivierten rhetorischen Stil des Briefes erklären. Andere haben Jerusalem, Alexandria oder eine Diasporagemeinde in Kleinasien vorgeschlagen, doch kein Ort passt eindeutig. Letztlich sind die Anliegen des Briefes nicht an eine lokale Situation gebunden, sondern spiegeln die allgemeine Situation frühchristlicher Gemeinschaften wider, die sich mit Identität, Leid und Hoffnung auseinandersetzten.

Was war der Anlass für den Brief? Die meisten Interpreten stimmen darin überein, dass die Gemeinde nicht in offener Rebellion war, sondern in Gefahr war, passiv vernachlässigt zu werden – was im Hebräerbrief als "Abdriften" (2,1) oder "Trägheit" (5,11) bezeichnet wird. Die wiederkehrenden Warnungen vor Apostasie sind eindringlich, fungieren aber als Teil einer pastoralen Strategie: nicht als Verurteilung, sondern als Provokation zum Durchhalten. Der rhetorische Rhythmus des Briefes wechselt zwischen theologischer Darlegung und Ermahnung und schafft so ein Muster, das Erinnerungen wecken, Hoffnung neu entfachen und den Glauben neu verankern soll. Der Autor, wer auch immer er war, schreibt nicht als distanzierter Theologe, sondern als Prediger und Pastor, dem das spirituelle Durchhaltevermögen der Zuhörer am Herzen liegt.

Der Hebräerbrief richtet sich an eine Gemeinde an einem Scheideweg – nicht nur in doktrineller, sondern auch in existenzieller Hinsicht. Werden sie standhaft bleiben oder sich zurückziehen? Werden sie auf das Wort Gottes reagieren, das "in diesen letzten Tagen" durch den Sohn verkündet wird, oder werden sie in Gleichgültigkeit abdriften? Der Brief befasst sich nicht nur mit dem richtigen Glauben, sondern mit dem Ausharren in der Hoffnung und der Beständigkeit im Gehorsam. Seine Vision von Christus, der auf dem Thron sitzt, Fürsprache einlegt und wiederkehrt, wird sowohl zum Anker als auch zur Motivation, im Glauben zu verharren.

Obwohl ihre genaue Identität unbekannt bleibt, entpuppt sich die Leserschaft des Hebräerbriefs als eine Gemeinschaft, die der Kirche in vielerlei Hinsicht sehr ähnlich ist: entmutigt, versucht, geistig erschöpft und auf der Suche nach einer neuen Vision davon, wer Jesus ist und warum er wichtig ist. Anlass für den Brief ist also nichts Geringeres als der anhaltende menschliche Kampf, in einer Welt, die zu Kompromissen drängt, treu zu bleiben. Der Hebräerbrief thematisiert diesen Kampf nicht, indem er ihn verharmlost, sondern indem er den Blick der Müden auf eine bessere Verheißung, einen besseren Priester und eine bessere Hoffnung richtet.

Kapitel 5
Struktur, Genre und Rhetorik

Nur wenige neutestamentliche Schriften sind rhetorisch so ausgefeilt und strukturell so komplex wie der Hebräerbrief. Seine sorgfältige Gedankenführung, die Verflechtung von Schriftauslegung und Ermahnung sowie sein hoher literarischer Stil heben ihn von anderen Episteln ab. Doch gerade diese Merkmale erschweren seine Einordnung. Ist der Hebräerbrief ein Brief? Eine theologische Abhandlung? Eine Predigt? Die Frage der Gattung ist mehr als eine akademische Übung; sie prägt unsere Lesart und unser Verständnis seines Zwecks.

Obwohl der Hebräerbrief mit brieflichen Konventionen endet – einem Hinweis auf Timotheus, einem letzten Gruß und einem Segen –, fehlt dem Großteil des Hebräerbriefs die Einleitungsstruktur eines typischen griechisch-römischen Briefes. Es werden weder Absender noch Empfänger genannt, es gibt weder Dank noch Gebet noch einen einleitenden Segen. Diese Auslassungen haben viele Gelehrte zu der Annahme veranlasst, der Hebräerbrief sei kein Brief im eigentlichen Sinne, sondern eher etwas, das einer Predigt oder Predigt gleicht. Tatsächlich bezeichnet der Autor ihn als "Wort der Ermahnung" (13,22), ein Begriff, der auch an anderer Stelle im Neuen Testament zur Beschreibung öffentlicher Predigten verwendet wird (vgl. Apostelgeschichte 13,15).

Dies hat zu der weit verbreiteten Ansicht geführt, der Hebräerbrief lasse sich am besten als schriftliche Predigt lesen – als ein Stück mündlicher Rhetorik, das später in literarische Form gebracht wird. Seine Struktur unterstützt diese Lesart: Statt einer Reihe lose miteinander verbundener Lehren entfaltet der Hebräerbrief eine einheitliche und fortschreitende Argumentation. Die theologische Darlegung baut sich stetig auf – von der Lobpreisung des Sohnes in Kapitel 1 bis zum Aufruf zur Beharrlichkeit angesichts des Leidens in Kapitel 12 –, unterbrochen von strategisch platzierten Warnungen. Diese rhetorischen Wechsel von der Darlegung zur Ermahnung funktionieren ähnlich wie die Wendungen einer gut geschriebenen Predigt: Theologie im Dienste der Bildung.

Eine der überzeugendsten Entwicklungen der neueren Forschung stammt von Gabriella Gelardini. Sie argumentiert, der Hebräerbrief sei als Synagogenpredigt zu verstehen, die möglicherweise am neunten Aw (*Tischa beAw*) gehalten wurde – dem jährlichen Trauertag im jüdischen Kalender, der an die Zerstörung des Tempels erinnert. In dieser Lesart drehen sich die gesamte Struktur und theologische Schwerpunkte des Hebräerbriefs um die Themen Tempelverlust, Bruch des Bundes und Hoffnung auf göttliche Wiederherstellung.

Gelardinis Argumentation stützt sich auf mehrere Beobachtungen. Erstens beschäftigt sich der Text eingehend mit der Stiftshütte, dem Priestertum und dem Opfersystem – nicht abstrakt, sondern als überholte und erfüllte Institutionen. Zweitens spiegelt die rhetorische Funktion des Hebräerbriefs die jüdischer Predigten nach 70 wider, die die Bedeutung der Tempelzerstörung theologisch zu interpretieren suchten. Vor diesem Hintergrund könnte die Darstellung eines himmlischen Heiligtums und eines höheren Priestertums in Christus im Hebräerbrief den Versuch widerspiegeln, den Tempelverlust nicht als Tragödie, sondern als theologischen Übergang zu interpretieren.

Die Lektüre des Hebräerbriefs als Predigt zum Tischa B'Av wirft zudem ein neues Licht auf seinen Ton und seine Dringlichkeit. Der Text erklärt nicht einfach das Priestertum Christi; er beklagt, was verloren gegangen ist, und verkündet, was nun begonnen hat. Seine Warnungen sind keine abstrakten theologischen Konstrukte, sondern Teil einer liturgischen Strategie, die Erinnerung wecken und Ausdauer einfordern soll. Gelardinis Vorschlag schließt christliche Urheberschaft oder Zuhörerschaft nicht aus; vielmehr erkennt er an, wie sehr der Hebräerbrief in eine jüdische rhetorische und homiletische Welt eingebettet ist und die Strukturen und Konventionen der Synagogenpredigt nutzt, um Jesus als Höhepunkt der Geschichte Israels zu verkünden.

Im weiteren Sinne spiegelt der Hebräerbrief auch den Einfluss griechisch-römischer Rhetorik wider, insbesondere in der Verwendung von Synkrisis (Vergleich), Enthymem (implizites Argument) und Verstärkung. Der Kontrast zwischen Irdischem und

Himmlischem, Altem und Neuem, Schatten und Wirklichkeit – das sind nicht bloß theologische Kontraste, sondern sorgfältig ausgearbeitete rhetorische Mittel. Der Autor informiert das Publikum nicht nur, sondern überzeugt es und bewegt es emotional und intellektuell zu neuer Überzeugung.

Die Gesamtstruktur des Hebräerbriefs ist weiterhin Gegenstand von Debatten, doch die meisten Interpreten sind sich einig, dass die Argumentation in konzentrischen Schichten verläuft, wobei zentrale theologische Themen eingeführt, vertieft und im Lichte der Ermahnung erneut aufgegriffen werden. Statt einer linearen Abfolge von Themen ähnelt die Struktur einer homiletischen Spirale, die in jeder Wendung zu den Kernaussagen zurückkehrt: der Überlegenheit Christi, der Erfüllung der Heiligen Schrift und der Notwendigkeit des Durchhaltens.

Den Hebräerbrief als Predigt zu bezeichnen, bedeutet also nicht, seine theologische Tiefe zu schmälern, sondern seine liturgische Funktion anzuerkennen. Es ist Theologie, die mit pastoraler Dringlichkeit vorgetragen wird, die Schrift im Sinne der Ausdauer interpretiert und die Rhetorik auf die Wandlung der Zuhörer ausgerichtet ist. Ob in der Synagoge gepredigt oder für eine Hauskirche geschrieben, der Hebräerbrief will nicht nur informieren, sondern auch aufrütteln, ermahnen und stärken. Seine Gattung ist geprägt von seinem Ziel: die müden Gläubigen zu erhalten, indem man ihnen die Herrlichkeit Christi zeigt.

Kapitel 6
Theologische Themen
und die Verwendung des Alten Testaments

Nur wenige Schriften des Neuen Testaments können es in ihrem theologischen Anspruch mit dem Hebräerbrief aufnehmen. Mit seinen hochfliegenden christologischen Ansprüchen, einer neu konzipierten Vision von Bund und Anbetung und der anhaltenden Mahnung zur Beharrlichkeit dient der Hebräerbrief sowohl als Lehrbelehrung als auch als pastorale Mahnung. Doch seine Theologie entsteht nicht abstrakt, sondern wird durch die Heilige Schrift geprägt. Das Alte Testament wird im Hebräerbrief nicht nur zitiert – es wird gelebt, interpretiert und erfüllt. Die Theologie im Hebräerbrief ist stets biblische Theologie, geprägt durch die Linse Christi.

Im Zentrum des Hebräerbriefs steht eine erhabene Christologie. Der Sohn ist "der Abglanz seiner Herrlichkeit und der Abdruck seines Wesens" (1,3), über die Engel erhoben, zur Rechten Gottes inthronisiert und zugleich zum König und Priester erklärt. Kein anderer Text des Neuen Testaments greift so direkt und systematisch die königlichen und priesterlichen Dimensionen der Identität Jesu auf. Christus ist nicht nur das letzte Wort der Offenbarung Gottes, sondern auch der Vermittler zwischen Gott und den Menschen. Er ist der treue Hohepriester, der die Himmel durchschritten hat, der durch Leiden vollkommen gewordene Sohn, der Garant eines besseren Bundes. Das Argument ist nicht nur ontologisch – wer Jesus ist – , sondern auch beruflich – was Jesus tut: Fürsprache einlegen, reinigen, herrschen.

Diese Christologie ist untrennbar mit der Darstellung von Bund und Anbetung im Hebräerbrief verbunden. Der Brief stellt den alten und den neuen Bund gegenüber, nicht um den alten Bund herabzusetzen, sondern um seine Erfüllung aufzuzeigen. Die Stiftshütte, das Opfersystem, das levitische Priestertum – all das diente als Schatten oder Vorwegnahme der himmlischen Realitäten, die nun durch Christus eingeführt wurden. Die zentrale Behauptung ist nicht, Israels Institutionen seien mangelhaft gewesen, sondern dass sie vorbereitend waren. Der neue Bund, eingeführt durch das Zitat aus Jeremia 31 (Hebr 8,8–12), bringt innere Transformation und direkten Zugang zu Gott. Christus, der "ein für alle Mal" in das himmlische Heiligtum eintrat, hat vollbracht, was die wiederholten Opfer der alten Ordnung nicht vermochten: vollständige und endgültige Sühne.

Eng verbunden mit dieser Bundestheologie ist die Vision des Hebräerbriefs von Erlösung und Beharrlichkeit. Erlösung ist nicht auf ein einzelnes Ereignis oder einen Moment des Glaubens reduziert; sie ist ein dynamischer Prozess, der im priesterlichen Wirken Christi gründet und sich durch die gläubige

Antwort des Gläubigen fortsetzt. Der Hebräerbrief warnt wiederholt vor der Gefahr des Abfalls und fordert seine Leser auf, an ihrem Bekenntnis festzuhalten. Glaube ist nicht bloße kognitive Zustimmung, sondern beharrliches Vertrauen. Am eindrücklichsten wird dies vielleicht in Hebräer 11 zum Ausdruck gebracht, wo der Autor Israels Vergangenheit als eine Galerie treuer Beharrlichkeit schildert: Von Abel bis Moses, von Rahab bis zu namenlosen Märtyrern ist der Glaube der rote Faden der Heilsgeschichte.

Hebräerbrief zeichnet sich durch seine charakteristische Verwendung des Alten Testaments aus. Kein anderes neutestamentliche Werk zitiert die Heilige Schrift so häufig und baut seine Argumentation so vollständig auf deren Auslegung auf. Der Text stützt sich stark auf die griechische Septuaginta und zitiert Passagen oft anders als die hebräische masoretische Tradition. Dies ist keine beiläufige Übernahme von Beweistexten, sondern eine theologisch motivierte Lesestrategie. Der Hebräerbrief behandelt die Psalmen, die Thora und die Propheten nicht als statische Texte, sondern als lebendige Orakel – Worte, die nicht nur in der Vergangenheit, sondern auch in der Gegenwart und letztlich von Gott selbst gesprochen wurden.

Am auffälligsten ist vielleicht die Art und Weise, wie der Hebräerbrief Psalm 110 verwendet, der im Zentrum der theologischen Argumentation des Briefes steht. Psalm 110,1 ("Setze dich zu meiner Rechten, bis ich deine Feinde zum Schemel deiner Füße lege") wurde in den frühchristlichen Schriften häufig zitiert, um die Erhöhung Christi zu bekräftigen, doch nur der

Hebräerbrief verwendet unter den neutestamentlichen Texten ausführlich Psalm 110,4: "Du bist Priester in Ewigkeit nach der Weise Melchisedeks." Diese beiden Verse bilden das doppelte Rückgrat des Christusbildes im Hebräerbrief: thronender Sohn und ewiger Hoherpriester. Psalm 110,1 begründet Jesu himmlische Sitzung – seine Erhöhung und Herrschaft zur Rechten Gottes –, während Psalm 110,4 die typologische Basis für ein nichtlevitisches Priestertum legt, das nicht in der Genealogie, sondern in göttlicher Einsetzung verwurzelt ist. Durch die Verknüpfung dieser beiden Verse konstruiert der Hebräerbrief eine einzigartige königlich-priesterliche Christologie, die den gesamten Brief prägt. Der Sohn regiert nicht nur, sondern tritt auch für ihn ein. Er wird nicht nur verherrlicht, sondern vermittelt durch seine eigene Selbstaufopferung einen besseren Bund.

Vielleicht noch bemerkenswerter ist, dass Gott durchgängig als Sprecher der Heiligen Schrift dargestellt wird. Ob der Text nun David, Mose oder die Propheten zitiert, der Hebräerbrief schreibt ihre Worte Gott oder dem Heiligen Geist zu: "Wie der Heilige Geist spricht..." (3,7). Die Heilige Schrift wird nicht als historisches Artefakt behandelt, sondern als lebendige, göttliche Stimme. Dies spiegelt die einleitende Aussage des Briefes wider – dass Gott "viele Male und auf vielerlei Weise" durch die Propheten gesprochen hat, nun aber endgültig "im Sohn" (1,1–2). Die Kontinuität zwischen der alten und der neuen Offenbarung ist nicht unterbrochen, sondern erfüllt.

So bietet der Hebräerbrief eine besondere Hermeneutik: Christus ist der Schlüssel zum Lesen der Heiligen Schrift, und die Heilige Schrift ist das Mittel, Christus zu verstehen. Die Typologie – insbesondere das Muster von Verheißung und Erfüllung – bestimmt einen Großteil der Interpretation. Die Stiftshütte ist ein Sinnbild des himmlischen Heiligtums; das Priestertum ein Vorbote der Fürsprache Christi; die Generation in der Wüste ein Spiegelbild der prekären Lage der Gemeinde. Ziel ist es nicht, die Hebräer-Schriften aufzugeben, sondern sie mit neuen Augen zu sehen, neu ausgerichtet auf die Realität, auf die sie hinweisen.

Theologisch reichhaltig und textlich gesättigt, verkörpert der Hebräerbrief eine Form der Bibelauslegung, die zugleich ehrfürchtig und radikal ist. Er ruft seine Leser nicht durch Neuheit, sondern durch Erfüllung zum Glauben auf; nicht durch Innovation, sondern durch Verwirklichung. Seine Vision ist die einer transformierten Kontinuität: Die Versprechen an die Vorfahren wurden nicht widerrufen – sie wurden in einem besseren Priester, einem besseren Bund und einer besseren Hoffnung verwirklicht.

Kapitel 7
Gottes entscheidendes Wort
Der den Engeln überlegene Sohn
(Hebräer 1,1 bis 2,4)

Der Hebräerbrief beginnt nicht mit einer Argumentation, sondern mit einer Verkündigung. Es gibt keine Begrüßung, keinen Dank, keine Erwähnung des Verfassers oder der Empfänger. Stattdessen beginnt der Brief wie eine Predigt: "Vielfältig und auf vielerlei Weise hat Gott einst zu den Vätern geredet durch die Propheten, in diesen letzten Tagen aber hat er zu uns geredet durch den Sohn" (1,1–2). Der Gegensatz besteht nicht zwischen falscher und wahrer Offenbarung, sondern zwischen teilweiser und endgültiger. Der Gott, der sprach, ist derselbe; verändert haben sich nur die Klarheit, die Fülle und die Wirksamkeit seiner Rede.

Dieser einleitende Satz gibt die theologische Richtung des gesamten Briefes vor. Offenbarung ist weder abstrakt noch propositional – sie ist persönlich. Gott hat "durch einen Sohn" gesprochen, der dann in einem siebenfachen Crescendo beschrieben wird: Erbe aller Dinge, Urheber der Schöpfung, Abglanz der Herrlichkeit Gottes, genaues Abbild seines Wesens, Erhalter aller Dinge, derjenige, der die Reinigung von den Sünden bewirkte, und derjenige, der nun zur Rechten Gottes sitzt. In diesen wenigen Versen verbindet der Autor Kosmologie, Christologie, Sühne und Inthronisierung. Der Sohn ist nicht einfach ein weiterer Prophet; er ist Ziel und Urheber all dessen, was Gott getan hat.

Was in 1,5–14 folgt, ist eine sorgfältig strukturierte Reihe von Bibelzitaten, allesamt der Septuaginta entnommen und so angeordnet, dass sie die Überlegenheit des Sohnes über die Engel untermauern. Die Verwendung von Catenae – Schriftketten – war eine gängige Technik in der jüdischen Predigt und dient hier sowohl einer theologischen als auch einer rhetorischen Funktion. Der Sohn wird im Gegensatz zu den Engeln beschrieben, nicht weil die Zuhörer zwangsläufig versucht wären, Engel anzubeten, sondern weil die Erhöhung des Sohnes in der Heiligen Schrift begründet sein muss und Engel einen passenden Kontrastpunkt darstellen. Sie sind geehrte Boten; der Sohn ist der inthronisierte König.

Mehrere der zitierten Texte sind Königspsalmen, die im Licht der Identität Jesu neu interpretiert wurden. Psalm 2,7 ("Du bist mein Sohn, heute habe ich dich gezeugt") und 2. Samuel 7,14 ("Ich werde sein Vater sein, und er wird mein Sohn sein") verankern das Sohnschaftsmotiv in der davidischen Tradition. Psalm 45,6–7 und Psalm 102,25–27 werden auf den Sohn angewendet, um seinen göttlichen Status, seine ewige Herrschaft und seine Rolle in der Schöpfung zu unterstreichen. Diese Zitate werden nicht als Beweistexte herangezogen, sondern sorgfältig arrangiert, um den Sohn als göttlich, ewig, souverän und einzigartig darzustellen – abgesondert sogar von den himmlischen Heerscharen.

Der Höhepunkt kommt im letzten Zitat des Kapitels, Psalm 110,1: "Setze dich zu meiner Rechten, bis ich deine Feinde zum Schemel deiner Füße mache." Dieser Vers wurde, wie im vorherigen Kapitel erwähnt, im frühen Christentum häufig zitiert und ist grundlegend für den Hebräerbrief. Er bekräftigt nicht nur Christi Erhöhung, sondern auch seine Inthronisierung und begründet theologisch die Behauptung, dass Jesus nun mit Gott regiert, nachdem er das priesterliche Werk der Reinigung vollendet hat. Obwohl der Hebräerbrief die priesterliche Dimension dieser Inthronisierung erst in späteren Kapiteln erörtert, wird hier der Grundstein gelegt.

Kapitel 2 beginnt mit einem Tonwechsel. Die erhabene christologische Darlegung weicht der ersten von mehreren Warnungen im Hebräerbrief: "Darum müssen wir desto aufmerksamer sein auf das, was wir gehört haben, damit wir nicht am Ziel vorbeigehen" (2,1). Die Gefahr liegt nicht in aktiver Rebellion, sondern in passiver Vernachlässigung. So wie Israel einst das durch Engel verkündete Wort nicht beachtete (ein Hinweis auf die Tradition, dass das Gesetz durch Engel vermittelt wurde), so besteht nun für die Gemeinschaft die Gefahr, das durch den Sohn verkündete Wort nicht zu beachten.

Diese Warnung ist nicht nur von der Furcht vor Gericht geprägt, sondern auch von der göttlichen Bestätigung des Evangeliums. Die Botschaft wurde vom Herrn verkündet, von Augenzeugen bezeugt und von

Gott durch "Zeichen, Wunder und mancherlei Taten und durch die Gaben des Heiligen Geistes" (2,3–4) bestätigt. So wird die charismatische Erfahrung der frühen Gemeinde Teil des theologischen Appells. Die Vergangenheit darf nicht vergessen werden; sie ist der Beweis dafür, dass Gott entschieden gesprochen hat, und dieses Wort zu vernachlässigen, bedeutet, alles zu verlieren.

Dieser erste große Abschnitt des Hebräerbriefs begründet somit sowohl die Identität des Sohnes als auch die Dringlichkeit des Glaubens. Derjenige, der jetzt herrscht, ist nicht bloß ein Lehrer oder Bote, sondern das strahlende Ebenbild Gottes und der Erbe aller Dinge. Die Heilige Schrift bezeugt seinen erhabenen Status, und die Erfahrung der Kirche bestätigt diese Botschaft. Die richtige Reaktion ist nicht Spekulation, sondern Aufmerksamkeit – nicht Ablenkung, sondern Beharrlichkeit. Die Erhabenheit des Sohnes ist kein theologisches Ornament; sie ist die Grundlage für Treue in einer schwierigen Welt.

Exkurs: Psalm 110,1 im frühen Christentum

Psalm 110,1 – "Der Herr sprach zu meinem Herrn: Setze dich zu meiner Rechten, bis ich deine Feinde zum Schemel deiner Füße mache" – ist einer der am häufigsten zitierten und theologisch bedeutsamsten alttestamentlichen Texte im Neuen Testament. Sein Erscheinen in Hebräer 1,13, am Ende einer majestätischen Kette von Bibelzitaten, die den Sohn über die Engel erheben, spiegelt ein umfassenderes frühchristliches Muster wider: Psalm 110,1 war zentral für die Art und Weise, wie die frühe Kirche die Identität und Erhöhung Jesu artikulierte.

In seinem ursprünglichen Kontext war Psalm 110 vermutlich ein Königspsalm, möglicherweise verfasst für eine Krönungs- oder Inthronisierungszeremonie. Der Psalmist (möglicherweise David) stellt sich eine göttliche Botschaft an den neu eingesetzten König vor, der mit dem erhabenen Titel "mein Herr" angesprochen wird. Die Bildsprache, zur Rechten Gottes zu sitzen, vermittelte eine Position höchster Ehre, Autorität und übertragener Souveränität. Der Vers verspricht zudem göttlichen Sieg über die Feinde des Königs und vermittelt damit eine zukunftsorientierte Hoffnung auf die Macht und Sicherheit des davidischen Throns.

Frühe Christen, insbesondere diejenigen, die sich mit der Septuaginta (LXX) auskannten, erkannten in Psalm 110,1 eine prophetische Vorahnung von Jesu Auferstehung und Himmelfahrt. Die Anziehungskraft des Textes lag nicht nur in seinen königlichen Themen, sondern auch in der impliziten Vielfalt göttlicher Personen: " Der Herr sprach zu meinem Herrn." Jesus selbst bezog sich in seinen Debatten mit religiösen Führern bekanntlich auf diesen Vers (Markus 12,35–37; vgl. Matthäus 22,41–46; Lukas 20,41–44) und stellte damit das gängige Verständnis des Messias als bloßem Sohn Davids infrage. Für Jesus und die frühe Kirche deutete Psalm 110,1 auf eine messianische Gestalt hin, die größer war als David – eine, die an der göttlichen Autorität teilhatte.

Der Vers wurde grundlegend für die apostolische Predigt. Petrus zitiert ihn in seiner Pfingstpredigt in Apostelgeschichte 2,34-35 und nutzt ihn, um zu erklären, dass Gott Jesus zum "Herrn und Christus" gemacht hat. Paulus spielt in 1. Korinther 15,25 und Epheser 1,20-22 auf die Themen Inthronisierung und Unterwerfung an. Das Bild von Jesus, der zur Rechten Gottes sitzt, wurde zu einer zentralen Aussage in den Bekenntnissen und Glaubensbekenntnissen der frühen Kirche und betonte sowohl den Triumph der Auferstehung als auch die fortdauernde himmlische Herrschaft Christi.

Der Hebräerbrief übernimmt diese Tradition, intensiviert sie aber. Indem der Autor Psalm 110,1 an den Höhepunkt einer Reihe erhabener Aussagen über den Sohn stellt (Hebr 1,13), signalisiert er, dass Christi Thronbesteigung nicht nur ehrenamtlich, sondern ontologisch ist. Jesus ist nicht nur der erhabene messianische König, sondern auch der göttliche Sohn, der an der Natur Gottes teilhat (Hebr 1,3). Dieses Zitat bereitet den Boden für die spätere Verwendung von Psalm 110,4, der das einzigartige Priestertum Christi "nach der Ordnung Melchisedeks" einführt. Zusammen bilden Psalm 110,1 und 110,4 das Rückgrat der königlich-priesterlichen Christologie des Hebräerbriefs.

Die weitverbreitete und anhaltende Verwendung von Psalm 110,1 im frühen Christentum unterstreicht seine theologische Bedeutung. Er ermöglichte es der Kirche, Jesu Erhöhung in Übereinstimmung mit den Schriften Israels auszudrücken, von seiner gegenwärtigen Herrschaft und himmlischen Herrschaft zu sprechen und seinen endgültigen Sieg über alle Mächte vorauszusehen. Im Hebräerbrief wie auch im gesamten Neuen Testament ist Psalm 110,1 nicht nur ein Beweistext, sondern ein Eckpfeiler für das Verständnis, wer Jesus ist und wo er heute regiert.

Kapitel 8
Ein treuer und barmherziger Hohepriester
(Hebräer 2,5–4,13)

Nachdem der Autor des Hebräerbriefs den Sohn über die Engel erhoben hat, wendet er sich nun einer zunächst scheinbaren Umkehrung zu: der Identifikation des Sohnes mit der Menschheit in Leid und Tod. Doch das ist kein Widerspruch. Die Erhöhung des Sohnes selbst beruht auf seiner Solidarität mit denen, die er retten wollte. Nicht trotz seiner Menschlichkeit, sondern durch sie wird er "ein barmherziger und treuer Hohepriester" (2,17). Hebräer 2,5–4,13 legt den theologischen Grundstein für dieses Priestertum – ein Thema, das die folgenden Kapitel dominieren wird.

Der Abschnitt beginnt mit einem Zitat aus Psalm 8, einem Hymnus, der die Ehre feiert, die dem Menschen in der Schöpfung zuteil wird. "Was ist der Mensch, dass du seiner gedenkst…?" (2,6). In seinem ursprünglichen Kontext reflektiert Psalm 8 die menschliche Schwäche und die göttliche Großzügigkeit. Der Hebräerbrief liest den Psalm jedoch christologisch. Das Thema ist nicht die Menschheit im Allgemeinen, sondern der Sohn, der für kurze Zeit "niedriger war als die Engel" und nun "durch das Leiden des Todes mit Herrlichkeit und Ehre gekrönt" wurde (2,9). Diese Neuinterpretation ist typologisch: Jesus, als stellvertretender Mensch, erfüllt die im Psalm beschriebene Berufung – die Welt zu regieren, nicht indem er Leiden vermeidet, sondern indem er sich ganz darauf einlässt.

Dieses Thema der Solidarität im Leid zieht sich durch den Rest von Kapitel 2. Die Menschwerdung wird nicht nur als metaphysisches Ereignis beschrieben, sondern als Akt erlösender Identifikation. "Weil die Kinder Fleisch und Blut haben, hat auch er dasselbe angenommen" (2,14). Der Sohn wurde seinen Brüdern und Schwestern "in jeder Hinsicht" gleich, um die Macht des Todes zu zerstören und die von Angst Versklavten zu befreien. Entscheidend ist, dass dies nicht nebensächlich, sondern wesentlich für seine Mission ist: Er musste ihnen gleich werden, um sie vor Gott zu vertreten. Priestertum wird hier nicht institutionell, sondern relational definiert. Es entspringt gemeinsamer Erfahrung, nicht Stammeszugehörigkeit.

Der Übergang zu Kapitel 3 markiert eine neue Stufe der Argumentation, doch die Logik bleibt bestehen. Die Zuhörer werden nun direkt als "heilige Mitgenossen einer himmlischen Berufung" (3,1) angesprochen und aufgefordert, "Jesus, den Apostel und Hohenpriester unseres Bekenntnisses, zu betrachten". Das Wort *Apostel* – hier im Neuen Testament einzigartig verwendet – betont Jesu Rolle als Gesandter Gottes, während *Hohepriester* die nächsten Hauptabschnitte des Briefes prägt. Der folgende Vergleich zwischen Jesus und Mose verdeutlicht sowohl Kontinuität als auch Kontrast. Mose war als Diener "in seinem ganzen Haus" treu; Jesus ist als Sohn über das Haus treu. Das Bild evoziert nicht Konkurrenz, sondern Nachfolge – Jesus erfüllt, was Mose erwartet hatte.

An dieser Stelle nimmt der Brief eine scharfe, ermahnende Wendung. Unter Bezugnahme auf Psalm 95 warnt der Autor die Zuhörer davor, ihre Herzen zu verhärten, wie es die Wüstengeneration tat. Der theologische Schwerpunkt hat sich nicht verschoben; er hat sich verschärft. Der Kontrast besteht nicht mehr nur zwischen Jesus und den Engeln oder Mose, sondern zwischen treuer und untreuer Reaktion. Die Generation, die in der Wüste umkam, hatte die Verheißungen empfangen und Gottes Werke gesehen, doch sie konnte aufgrund ihres Unglaubens nicht in Gottes "Ruhe" gelangen.

Dieses Thema der "Ruhe" wird in Kapitel 4 zum zentralen Motiv. Die Verheißung gilt weiterhin, betont der Autor, und das Volk Gottes ist weiterhin eingeladen, sie zu betreten. Doch der Eintritt erfolgt nicht automatisch. Er erfordert Aufmerksamkeit, Ausdauer und Glauben. So wie das Wort einst zu Israel kam, so erreicht es nun die Zuhörer des Hebräerbriefs – und verlangt eine Antwort. Hebräer 4,12–13 zieht eine ernüchternde Schlussfolgerung: "Denn das Wort Gottes ist lebendig und wirksam … es richtet die Gedanken und Gesinnungen des Herzens." Gottes Rede bleibt nicht äußerlich; sie dringt bis ins Innerste des Menschen vor und offenbart, was wirklich darin ist.

In diesem Abschnitt beginnen wir zu erkennen, wie Christi Priestertum nicht aus der Ferne, sondern aus der Nähe erwächst. Er ist menschlicher Schwäche nicht fern, sondern hat sie selbst erfahren – Leid, Versuchung, Sterblichkeit. Diese gemeinsame Erfahrung verleiht seiner Fürbitte Tiefe und seiner Fürsprache Authentizität. Der Hohepriester der Hebräer ist nicht die idealisierte Figur eines fernen Kultrituals, sondern der verkörperte, leidende und erhabene Sohn, der Menschsein kennt. Die pastorale Logik ist klar: Wenn er uns vor Gott vertritt, können wir ihm vertrauensvoll nahen.

Exkurs: Das "Wort Gottes" im Hebräerbrief

Unter den vielen theologischen Themen, die sich durch den Hebräerbrief ziehen, sind nur wenige so reichhaltig und vielschichtig wie seine Darstellung des "Wortes Gottes". Anders als in manchen Texten des Neuen Testaments, wo sich der Begriff eng auf die geschriebenen Schriften oder die apostolische Predigt bezieht, wird der Hebräerbrief dynamischer und umfassender verwendet. Im Hebräerbrief ist das Wort Gottes lebendig, wirksam, göttlich und persönlich – es ist Gottes Selbstmitteilung, die seine göttlichen Absichten offenbart und verwirklicht.

Der Brief beginnt mit einer hohen christologischen Aussage, die zugleich eine Aussage über göttliches Reden ist: "Viele Male und auf vielerlei Weise hat Gott zu den Vätern geredet durch die Propheten, in diesen letzten Tagen aber hat er zu uns geredet durch den Sohn…" (Hebr 1,1–2). Das "Wort" ist hier nicht bloß propositional oder textuell, sondern inkarnatorisch. Jesus selbst ist das höchste Wort Gottes – der Höhepunkt der Offenbarung. Dies gibt den Ton für das hebräische Verständnis göttlicher Kommunikation an: Gottes Wort ist nicht statisch; es gipfelt in einer Person, die alles zuvor Gesprochene verkörpert und erfüllt.

Doch auch der Hebräerbrief spricht weiterhin vom "Wort Gottes", und zwar in einer Weise, die Heilige Schrift, Ermahnung und göttliches Wirken einschließt. Hebräer 3,7 beginnt mit einem Zitat aus Psalm 95 mit der Formel "Wie der Heilige Geist spricht", was darauf hinweist, dass die Heilige Schrift weiterhin eine aktive, göttliche Stimme ist. Sie ist nicht nur eine Aufzeichnung dessen, was Gott einst sagte, sondern Ausdruck dessen, was Gott durch den Geist auch heute noch sagt. Für den Hebräerbrief sind die Heiligen Schriften keine historischen Artefakte, sondern ein lebendiges Medium göttlicher Rede, das sich an die heutige Gemeinschaft richtet.

Dieselbe Dynamik zeigt sich in einem der meistzitierten Verse des Hebräerbriefs: "Denn das Wort Gottes ist lebendig und wirksam und schärfer als jedes zweischneidige Schwert. Es dringt durch, bis es scheidet Seele und Geist … und ist ein Richter der Gedanken und Gesinnungen des Herzens" (Hebr 4,12). Hier fungiert das Wort Gottes gleichsam als Richter, dringt in das menschliche Gewissen ein und deckt Verborgenes auf. Diese Beschreibung deutet nicht nur auf die überführende Kraft der Heiligen Schrift hin, sondern auch auf die umfassendere, göttliche Rede, die die Gemeinschaft mit der Wahrheit konfrontiert und eine Antwort fordert. Sie unterstreicht auch, dass Gottes

Wort untrennbar mit seiner Gegenwart verbunden ist – kraftvoll, durchdringend und unausweichlich.

Der Zusammenhang zwischen Wort und Bund wird auch in Hebräer 8 deutlich. Der Autor zitiert ausführlich Jeremia 31,31–34 und betont einen neuen Bund, der durch verinnerlichte göttliche Weisung geprägt ist: "Ich will meine Gebote in ihren Sinn legen und sie in ihre Herzen schreiben" (Hebr 8,10). Im Gegensatz zu den schriftlichen Gesetzen, die von außen durch Mose vermittelt wurden, ist Gottes Wort im neuen Bund direkt ins Herz geschrieben. Diese Verinnerlichung stellt eine Bewegung vom Gebot zur Transformation dar – von der Verpflichtung zur Beziehung. Das Wort Gottes ist in diesem neuen Bundesrahmen nicht nur ein Maßstab, sondern eine eingepflanzte Kraft, die Gehorsam und Intimität mit Gott ermöglicht.

Somit hat das Wort Gottes im gesamten Hebräerbrief mehrere miteinander verbundene Funktionen:

Wie die Offenbarung zeigt: Gott hat im Sohn Jesus Christus vollständig und endgültig gesprochen (1,1–2).

Als Heilige Schrift: Der Geist spricht weiterhin durch die Heiligen Schriften Israels, die nun im Licht Christi interpretiert werden (3,7; 4,7; 10,15).

Als Kraft: Das Wort ist wirksam, scharfsinnig und kann bis ins Herz treffen (4,12).

Als Bund: Gottes Gesetze sind als Teil des neuen Bundes in die Herzen der Gläubigen geschrieben und bedeuten eine innere Wandlung (8,10).

Diese Verwendungen widersetzen sich der Abschottung. Stattdessen präsentiert der Hebräerbrief eine einheitliche Vision, in der das Wort Gottes mit der Person Christi, dem Zeugnis der Heiligen Schrift und dem inneren Wirken des Geistes im Einklang steht. Es überrascht daher nicht, dass der Brief selbst – manchmal auch als "Wort der Ermahnung" (13,22) bezeichnet – an dieser göttlichen Rede teilnimmt. Als Predigt oder Homilie spricht der Hebräerbrief nicht nur vom Wort Gottes, sondern auch als Medium, durch das es weiterhin gehört wird.

In diesem Sinne bedeutet die Begegnung mit dem Wort Gottes im Hebräerbrief nicht nur, Informationen oder Anweisungen zu erhalten, sondern vor einem sprechenden, erkennenden und verändernden Gott zu stehen. Die Gemeinde ist aufgerufen, nicht nur passiv zuzuhören, sondern mit Gehorsam, Ausdauer und Ehrfurcht zu reagieren.

Kapitel 9
Ein Priester für immer
(Hebräer 4,14 bis 7,28)

Der kurze Hinweis auf Jesus als Hohepriester in früheren Kapiteln weitet sich nun auf das zentrale theologische Thema des Hebräerbriefs aus: das ewige Priestertum Christi. Ab 4,14 lädt der Autor des Hebräerbriefs die Zuhörer ein, sich Gott zu nähern, nicht durch Furcht oder rituelle Vermittlung, sondern durch die gnädige Fürsprache eines erhabenen und einfühlsamen Hohepriesters. Dieses Priestertum wird nicht durch levitische Abstammung vererbt, sondern durch einen göttlichen Eid begründet – "nach der Ordnung Melchisedeks". Hebräer 4,14–7,28 ist die anhaltende theologische Meditation, die dies erläutert.

Der Abschnitt beginnt mit der Ermahnung: "Lasst uns an unserem Bekenntnis festhalten" (4,14). Dieser Aufruf gründet sich auf die Identität Jesu als "großer Hohepriester, der die Himmel durchschritten hat". Anders als die levitischen Priester, die in einem irdischen Heiligtum dienten, ist Jesus in das himmlische eingegangen. Doch seine Erhöhung entfernt ihn nicht von der menschlichen Erfahrung. Im Gegenteil: "Wir haben keinen Hohepriester, der nicht Mitleid haben könnte mit unseren Schwachheiten", denn er wurde in jeder Hinsicht geprüft, "doch ohne Sünde" (4,15). Das

Priestertum Christi vereint Transzendenz und Mitgefühl, Erhöhung und Solidarität. Daher sind Gläubige eingeladen, sich mutig dem Thron der Gnade zu nähern.

Kapitel 5 entwickelt das Konzept des Priestertums weiter und erläutert zunächst die Voraussetzungen für einen Hohepriester: Auserwählt aus dem Volk, dazu bestimmt, es vor Gott zu vertreten, und in der Lage, sanft mit den Unwissenden und Abtrünnigen umzugehen. Der Autor wendet diese Kriterien dann auf Christus an und stellt fest, dass er sich nicht selbst die Ehre gegeben hat, Priester zu werden, sondern von Gott ernannt wurde. Zwei Bibelstellen bestätigen dies: Psalm 2,7 ("Du bist mein Sohn...") und Psalm 110,4 ("Du bist Priester in Ewigkeit nach der Weise Melchisedeks"). Zusammen begründen diese Verse sowohl die Gottessohnschaft als auch die göttliche Ernennung – Grundpfeiler der hebräischen Christologie.

Doch welche Rolle spielt Melchisedek in diesem Argument? In Genesis 14 wird er nur kurz als König von Salem und Priester des höchsten Gottes erwähnt. Er segnet Abram und erhält von ihm den Zehnten. Psalm 110 bezeichnet ihn später als Vorbild für ein ewiges Priestertum. Der Hebräerbrief verdeutlicht die theologischen Implikationen dieser schattenhaften Gestalt: Melchisedek erscheint ohne Stammbaum, ohne überlieferten Anfang oder Ende, was ihn zu einem passenden Typus des ewigen Christus macht. Er ist König und Priester zugleich und vereint zwei Rollen, die in der israelitischen Tradition üblicherweise getrennt waren. Indem er Jesus mit Melchisedek statt mit Levi oder Aaron verbindet, schafft der Hebräerbrief Raum für ein nicht-levitisches, nicht-erbliches und höheres Priestertum.

Kapitel 7 ist fast ausschließlich Melchisedek und den Auswirkungen seines Priestertums gewidmet. Die Argumentation basiert auf einer Typologie: Melchisedek wird "dem Sohn Gottes gleichgemacht", nicht umgekehrt. Sein Priestertum ist dem levitischen Priestertum voraus und höher, denn selbst Abraham, der Vorfahr Levis, gab ihm den Zehnten und empfing seinen Segen. In der Logik des Hebräerbriefs segnet der Größere den Geringeren. Wäre also die Vollkommenheit durch das levitische Priestertum gekommen, "wozu hätte man dann noch von einem anderen Priester … nach der Ordnung Melchisedeks sprechen müssen?" (7,11).

Der Kontrast wird im Verlauf des Kapitels deutlicher. Das levitische Priestertum basierte auf gesetzlichen Anforderungen und leiblicher Abstammung; Christi Priestertum beruht auf der Kraft eines unzerstörbaren Lebens. Ersteres umfasste viele Priester, die Tod und Nachfolge unterworfen waren; letzteres wird dauerhaft von jemandem ausgeübt, der "immerdar lebt, um Fürbitte zu leisten" (7,25). Die levitischen Priester brachten wiederholt Opfer dar; Christus opferte sich ein für alle Mal. Die kumulative Wirkung besteht darin, Jesus als den endgültigen und vollkommenen Hohepriester darzustellen, dessen Priestertum nicht von der Abstammung, sondern von göttlicher Berufung und ewiger Wirksamkeit abhängt.

Hebräer 7,26–28 fasst das Argument in erhabenen Worten zusammen: "heilig, tadellos, unbefleckt, abgesondert von den Sündern und über die Himmel erhoben." Dieser Hohepriester muss nicht Tag für Tag Opfer darbringen. Er hat sich einmal selbst geopfert, und dieses eine Mal genügt. Sein Priestertum ist nicht nur ewig, sondern auch ausreichend. Im Gegensatz zur Schwäche des Gesetzes hat "das Wort des Eides" – erneut ein Zitat aus Psalm 110 – den Sohn eingesetzt, "der für immer vollkommen gemacht ist."

Im Mittelpunkt dieses Abschnitts steht eine Neudefinition des Priestertums selbst. Es ist nicht länger an kultische Abstammung oder Tempelrituale gebunden, sondern an göttliche Erwählung, moralische Vollkommenheit und ewige Fürbitte. Jesu Priestertum ist keine vorübergehende Regelung oder symbolische Rolle. Es ist das theologische Herzstück des Hebräerbriefs, der Erlösung, des Zugangs zu Gott und der Entfaltung der Erlösungsgeschichte.

Für die Zuhörer des Hebräerbriefs ist dieses Bild Christi als ewiger Priester zugleich ein lehrmäßiger Anker und seelsorgerischer Trost. Ihre Hoffnung ruht nicht auf institutioneller Religion oder irdischer Vermittlung, sondern auf einem Hohepriester, der ewig lebt und unaufhörlich für sie eintritt. In Christus ist die Distanz zwischen Himmel und Erde überbrückt – nicht rituell, sondern dauerhaft, nicht symbolisch, sondern faktisch. Und diese Gewissheit ermutigt sie zum Durchhalten.

Exkurs: Melchisedek in der antiken jüdischen Literatur

Die Figur Melchisedeks spielt eine zentrale Rolle in der theologischen Argumentation des Hebräerbriefs, insbesondere in Kapitel 7, wo er als Sinnbild Christi dargestellt wird – ewig, dem levitischen Priestertum überlegen und von Gott eingesetzt. Melchisedeks Rolle im Hebräerbrief ist jedoch keine isolierte Neuerung. Der Autor greift auf umfassendere Traditionen rund um Melchisedek in der jüdischen Interpretation und Literatur zurück und erwartet vermutlich auch Vertrautheit mit diesen. Dort erlangte dieser rätselhafte Priesterkönig aus Genesis 14 eine reiche symbolische Bedeutung.

Im biblischen Text Genesis 14,18–20 taucht Melchisedek unvermittelt in der Erzählung von Abrams militärischem Sieg auf. Er wird als "König von Salem" und "Priester des höchsten Gottes" vorgestellt, der Abram segnet und den Zehnten von ihm erhält. Die Kürze des Berichts und das Fehlen genealogischer oder erzählerischer Hintergründe luden in der späteren jüdischen Interpretation zu theologischen Spekulationen ein. Psalm 110,4 würdigte Melchisedek später noch weiter: "Du bist Priester in Ewigkeit nach der Weise Melchisedeks." Der Hebräerbrief nutzt diese Kombination aus erzählerischer Unklarheit und priesterlichem Status, um einen christologischen Typus zu konstruieren, war aber nicht der erste, der dies tat.

Im Judentum des Zweiten Tempels erscheint Melchisedek in verschiedenen Texten – manche davon spekulativ, andere hochtrabend. Besonders hervorzuheben sind die in Qumran gefundenen Texte und spätere rabbinische Interpretationen.

1. Melchisedek in den Qumran-Texten

Die bedeutendste Neuinterpretation Melchisedeks im Zweiten Tempel findet sich in 11QMelchisedek (11Q13), einem Fragment der Schriftrollen vom Toten Meer aus dem 1. Jahrhundert v. Chr. In diesem eschatologischen Midrasch wird Melchisedek nicht nur als menschlicher Priester, sondern als göttliche oder halbgöttliche Gestalt dargestellt, die als himmlischer Erlöser fungiert. Er wird mit Titeln wie "Elohim" (Gott) und "Richter" beschrieben und soll am Versöhnungstag am Ende der Tage eine entscheidende Rolle spielen.

In diesem Text fungiert Melchisedek als himmlische Priesterfigur, die den Gefangenen die Freiheit verkündet, und bezieht sich dabei auf Levitikus 25 und Jesaja 52. Er fungiert als messianischer Vermittler der Sühne und des Gerichts, der den Mächten Belials (des Bösen) entgegentritt und Gottes letztes Jubeljahr leitet. Diese Darstellung zeigt, dass Melchisedek zur Zeit der Abfassung des Hebräerbriefs in manchen jüdischen Kreisen bereits mit eschatologischer Hoffnung und göttlicher Autorität in Verbindung gebracht wurde.

Der Autor des Hebräerbriefs zitiert Melchisedek nicht direkt (11Q), scheint sich aber dieser Tradition bewusst zu sein. Er greift die Vorstellung von Melchisedeks himmlischem Ursprung, seinem priesterlichen Status und seiner eschatologischen

Funktion auf, kanalisiert diese Eigenschaften jedoch christologisch. Im Hebräerbrief ist Christus – nicht Melchisedek – der wahre ewige Priester, doch Melchisedek liefert ein Muster oder einen Archetyp zum Verständnis des einzigartigen Priestertums Jesu.

2. Melchisedek in Philo

Auch der hellenistisch-jüdische Philosoph Philon von Alexandria kommentiert Melchisedek, allerdings eher allegorisch. In *Legum Allegoriae* und *De Congressu Quaerendae Eruditionis Gratia* interpretiert Philon Melchisedek als Symbol der Vernunft oder Tugend, Teil seiner umfassenderen allegorischen Betrachtungsweise der Heiligen Schrift. Philon identifiziert Melchisedek mit dem "Logos" – der göttlichen Vernunft – und betont dessen ethische und philosophische Funktion.

Obwohl Philos Allegorie von der Typologie des Hebräerbriefs abweicht, behandeln beide Ansätze Melchisedek als mehr als nur eine historische Figur. Er ist ein Interpretationsschlüssel zu etwas Größerem: für Philo abstrakte Weisheit; für den Hebräer das ewige Priestertum des erhabenen Christus.

3. Melchisedek in rabbinischen und späteren jüdischen Quellen

In der späteren rabbinischen Literatur wird Melchisedek typischerweise entmystifiziert. Einige rabbinische Texte verbinden Melchisedek mit Sem, dem Sohn Noahs, und verankern ihn damit in der biblischen genealogischen Tradition. Die Aura des Mysteriums, die in früheren jüdischen und christlichen Lesarten betont wurde, wird dadurch aufgehoben. Dieser Schritt könnte eine Reaktion auf christliche Behauptungen sein, darunter auch jene im Hebräerbrief, die Melchisedek eine starke messianische und theologische Bedeutung zuschrieben.

Während in den rabbinischen Texten ein gewisser Respekt für die Rolle Melchisedeks als Priester gewahrt wird, verlagern sie den Fokus oft wieder auf Abraham als zentrale patriarchalische Figur und bekräftigen damit die Kontinuität Abrahams und Levis gegenüber der Neuerung Melchisedeks.

Der Hebräerbrief steht in einer größeren Interpretationstradition, die Melchisedek als mehr als nur eine unbedeutende biblische Figur betrachtete. Jüdische Texte des Zweiten Tempels – insbesondere 11QMelchisedek – zeigen, dass Melchisedek zu einem flexiblen Symbol geworden war: ein himmlischer Priester, eine Figur der Gerechtigkeit und ein Träger eschatologischer Hoffnung.

Der Hebräerbrief übernimmt diese Tradition und transformiert sie, indem er ihre Erfüllung in Christus verortet. Anstatt Jesus als Melchisedek darzustellen, stellt er ihn als Typus – als Schatten – des wahren Hohepriesters dar, der nicht nur aufgrund seines geheimnisvollen Ursprungs, sondern auch aufgrund seiner göttlichen Berufung und Auferstehungskraft ewig ist. So verwendet der Hebräerbrief Melchisedek nicht als Selbstzweck, sondern als Mittel, das unvergleichliche Priestertum Christi zu verdeutlichen.

Kapitel 10
Der Mittler eines besseren Bundes
(Hebräer 8,1–13)

Nachdem der Hebräerbrief das Priestertum Christi als dem levitischen Rang überlegen festlegt, befasst er sich nun ausdrücklich mit dem Wesen und den Auswirkungen des durch Christus eingeführten "besseren Bundes" (Hebräer 8,6). Das achte Kapitel des Hebräerbriefs ist prägnant und zugleich entscheidend. Es bildet eine Brücke zwischen der theologischen Darlegung des Priestertums Christi und der in den folgenden Kapiteln beschriebenen Opfersymbolik. Im Mittelpunkt steht eine tiefgreifende Neuinterpretation der alten Bundesversprechen im Lichte des himmlischen Wirkens Jesu.

Der Autor des Hebräerbriefs fasst die vorangegangene Argumentation klar zusammen: "Die Hauptsache aber ist: Wir haben einen solchen Hohenpriester, der sich zur Rechten des Thrones der Majestät im Himmel gesetzt hat" (Hebr 8,1). Diese Aussage bringt die gesamte christologische Vision des Hebräerbriefs prägnant auf den Punkt. Christi sitzende Haltung symbolisiert die Vollendung und Genügsamkeit seines priesterlichen Wirkens und steht im krassen Gegensatz zum ewigen Stehen und den fortwährenden Opfern der levitischen Priester. Seine himmlische Thronbesteigung signalisiert, dass er in der "wahrhaftigen Stiftshütte, die vom Herrn errichtet wurde, nicht von einem Menschen" (Hebr 8,2) dient.

Der Hebräerbrief bedient sich einer an die platonische Philosophie erinnernden Bildsprache, um klar zwischen irdischer und himmlischer Realität zu unterscheiden. Die irdische Stiftshütte, obwohl göttlich instruiert und verehrt, wird ausdrücklich als "Abbild und Schatten dessen, was im Himmel ist" (Hebr 8,5) charakterisiert. Diese Vorstellung spiegelt eine unter hellenistischen Juden verbreitete Weltanschauung wider, die deutlich vom Mittelplatonismus beeinflusst ist. Der Hebräerbrief verwendet sie jedoch nicht, um das irdische Heiligtum abzuwerten, sondern um Christi himmlisches Priestertum zu würdigen. Aus dieser Perspektive weisen irdische Rituale auf eine transzendente und ultimative Realität hin, die einzig und allein durch Christi priesterliche Vermittlung erfüllt wird.

Das Besondere an Kapitel 8 ist das ausführliche Zitat aus Jeremia 31,31–34, das es zum längsten alttestamentlichen Zitat im Neuen Testament macht. Diese prophetische Passage, ursprünglich im Kontext des israelischen Exils und der Hoffnung auf Erneuerung gesprochen, wird im Hebräerbrief grundlegend für das Verständnis des durch Christus vermittelten "besseren Bundes". Jeremia hatte sich einen Bund vorgestellt, der nicht auf Steintafeln, sondern direkt in die Herzen der Menschen geschrieben steht – eine tiefgreifende Veränderung der Beziehung der Menschheit zu Gott.

Der Hebräerbrief interpretiert diese Verheißung christologisch: Der von Jeremia vorhergesagte Neue Bund findet seine endgültige Verwirklichung in Jesus. Anders als der von Mose vermittelte Bund, der äußerlich ausgerichtet und von fortwährenden Opferritualen abhängig war, beinhaltet der von Christus in Kraft gesetzte Neue Bund eine innere Transformation: "Ich werde meine Gebote in ihren Sinn legen und sie in ihre Herzen schreiben" (Hebr 8,10). Diese Verinnerlichung impliziert eine direkte, unvermittelte Vertrautheit mit Gott: "Sie werden mich alle erkennen, vom Kleinsten bis zum Größten" (Hebr 8,11).

Die Auswirkungen dieser Transformation sind bedeutsam. Erstens definiert sie das Wesen der göttlich-menschlichen Interaktion radikal neu. Gotteserkenntnis wird nicht mehr ausschließlich durch priesterliche Riten, Gesetzesbefolgung oder Opferkult vermittelt, sondern ist direkt durch die Person und das Werk Christi zugänglich. Zweitens geht sie auf die dem Alten Bund innewohnenden Grenzen ein. Der Hebräerbrief weist ausdrücklich darauf hin, dass die Einführung eines neuen Bundes die Verjährung des alten Bundes impliziert: "Indem er diesen Bund ‚neu' nennt, hat er den ersten für veraltet erklärt" (Hebr 8,13). Diese klare Sprache unterstreicht die pastorale Dringlichkeit des Autors. Die Zielgruppe muss erkennen, dass die durch Christus bewirkte Erfüllung es erfordert, über bisherige religiöse Formen hinauszugehen.

Der Hebräerbrief achtet jedoch darauf, den Alten Bund nicht rundweg zu verwerfen oder zu missachten. Vielmehr betont er die Kontinuität auch innerhalb dieser Transformation. Der Neue Bund erfüllt den Alten, anstatt ihn zu zerstören; er vollendet, was das vorherige System vorweggenommen und vorbereitet hatte. Jeremias Prophezeiung selbst entspringt dem Kern der alttestamentlichen Tradition und demonstriert so die Kontinuität in Gottes allumfassendem Plan. Die Hermeneutik des Autors hebt Christus stets als Höhepunkt der langen Bundesgeschichte Israels hervor.

Für die Gemeinde des ersten Jahrhunderts, an die sich die Hebräer wandten und die unter dem Druck von Verfolgung und möglichem Abdriften litt, bot diese Vision eines "besseren Bundes" theologische Klarheit und seelsorgerische Ermutigung. Sie bekräftigte ihre Identität als Teilnehmer einer tiefgreifenden spirituellen Transformation, die über die bloße Einhaltung äußerer Rituale hinausging. Ihre Treue basierte nicht auf einem der Zerstörung ausgesetzten Tempel oder auf ständig zu wiederholenden Riten, sondern auf der beständigen, ausreichenden und himmlischen Vermittlung Christi.

Zusammenfassend stellt Hebräer Kapitel 8 Christus als Mittler eines neuen und besseren Bundes dar, der auf einer von Jeremia prophezeiten nachhaltigen spirituellen Transformation beruht. Durch Christus wird die Verbundenheit mit Gott verinnerlicht, erfüllt und vervollkommnet. Die pastoralen Implikationen sind auch heute noch wirksam und laden Gläubige ein, tiefer darüber nachzudenken, wie sie ihre Bundesbeziehung mit Gott durch Christus erleben und ausdrücken.

Exkurs: Hebräer, der Neue Bund und die Geschichte des christlichen Antijudaismus

Der Hebräerbrief stellt Jesus als Mittler eines "neuen Bundes" dar, der den durch Mose geschlossenen Bund übertrifft und erfüllt (Hebr. 8,6–13). Ausgehend von Jeremia 31 beschreibt der Hebräerbrief diesen neuen Bund als gekennzeichnet durch innere Wandlung, unmittelbare Gotteserkenntnis und endgültige Sündenvergebung. Im jüdisch-christlichen Kontext des ersten Jahrhunderts war diese theologische Aussage eine tiefgreifende Bestätigung der Bedeutung Christi und eine Neuausrichtung der Bundesidentität um ihn herum.

Im Laufe der Kirchengeschichte wurden solche Behauptungen jedoch allzu oft von ihren jüdischen Wurzeln getrennt und als Waffe gegen das jüdische Volk eingesetzt. Die Lehre vom Neuen Bund wurde in manchen Teilen der Kirche zur Grundlage des Supersessionismus – der Vorstellung, die Kirche habe Israel als Volk Gottes dauerhaft ersetzt. Diese Sichtweise hat historisch zu einem tief verwurzelten Antijudaismus beigetragen, der sich im Laufe der Zeit zu Antisemitismus entwickelte oder sich mit diesem überschnitt und jüdischen Gemeinden erheblichen Schaden zufügte.

Frühchristliche Schriften interpretierten den Kontrast zwischen "alt" und "neu" oft kontrovers. So beschrieben einige patristische Autoren das Judentum als gescheiterte oder überholte Religion, deren Bund durch Christi Ankunft aufgehoben worden sei. Dies entsprach zwar nicht unbedingt der Logik des

Hebräerbriefs selbst, entwickelte sich aber zu einem dominanten Interpretationsmuster. Die Sprache der "besseren Verheißungen", des "überholten Bundes" und von "Schatten vs. Wirklichkeit", wie sie in Hebräer 8 und 10 zu finden ist, wurde zunehmend nicht nur verwendet, um Christus zu preisen, sondern auch, um das Judentum herabzuwürdigen.

Diese theologischen Strömungen trugen zu einem breiteren kulturellen und politischen Umfeld bei, in dem Juden marginalisiert, stereotypisiert und verfolgt wurden. Von der theologischen Polemik von Persönlichkeiten wie Johannes Chrysostomus über mittelalterliche Einschränkungen, Zwangskonversionen und Vertreibungen bis hin zu den religiösen Rechtfertigungen bei Pogromen und schließlich zum Holocaust hatte das Erbe des christlichen Antijudaismus tragische und anhaltende Folgen. Obwohl sie nicht die einzige Ursache des Antisemitismus sind, haben verzerrte theologische Lesarten von Texten wie dem Hebräerbrief zu jahrhundertelanger Feindseligkeit und Gewalt beigetragen.

Angesichts dieser Geschichte stehen die heutigen Interpreten des Hebräerbriefs vor einer wichtigen Verantwortung: Sie müssen den Text auf eine Weise lesen und lehren, die seinen jüdischen Kontext respektiert, substitutionstheoretische Interpretationen vermeidet und der Tendenz widersteht, die christliche Identität über das Judentum hinaus zu definieren.

Mehrere Prinzipien können diesen besseren Weg weisen:

Den Kontrast kontextualisieren

Die Unterscheidung zwischen Altem und Neuem Bund im Hebräerbrief entspringt einem innerjüdischen Kontext. Der Autor kritisiert das Judentum nicht von außen, sondern interpretiert die Bundeskategorien im Lichte Jesu, den die Gemeinde als Messias betrachtet. Das Argument setzt gemeinsame Ehrfurcht vor der Heiligen Schrift, dem Tempel und dem Priestertum voraus. Es handelt sich um eine theologische Neuordnung, nicht um eine ethnische oder religiöse Kritik.

Bestätigung von Kontinuität und Erfüllung

Der Hebräerbrief bekräftigt, dass der Neue Bund im Alten vorweggenommen wurde. Er zitiert Jeremia 31 – geschrieben von einem hebräischen Propheten an das Volk Israel – als Beweis für Gottes langjährige Absicht, den Bund von innen heraus zu erneuern. Diese Kontinuität widerlegt Interpretationen, die Christentum und Judentum als diametral entgegengesetzt oder sich gegenseitig ausschließend darstellen.

Ablehnung der Ersatztheologie

Eine wachsende Zahl christlicher Theologen plädiert heute für postsupersessionistische Lesarten des Neuen Testaments – Ansätze, die die bleibende Gültigkeit des Bundes Gottes mit dem jüdischen Volk bekräftigen. Diese Interpretationen gehen davon aus, dass nichtjüdische Gläubige durch Christus in die Geschichte Israels aufgenommen werden, nicht als

Ersatz, sondern als Teilhaber an der Ausweitung der Verheißungen Gottes.

Vom jüdisch-christlichen Dialog lernen

In den letzten Jahrzehnten hat der erneuerte Dialog zwischen jüdischen und christlichen Gelehrten zu einem besseren gegenseitigen Verständnis geführt. Jüdische Interpreten betonten das gemeinsame biblische Erbe des Hebräerbriefs und seine tiefe Verflechtung mit jüdischem Denken. Christliche Leser wiederum wurden aufgefordert, Texten wie dem Hebräerbrief mit größerer Demut und einem Bewusstsein für die Gefahren theologischen Triumphalismus zu begegnen.

Die Ethik der Hebräer annehmen

Ironischerweise stellen gerade die Themen, die der Hebräerbrief betont – Standhaftigkeit, Demut, Zugang zu Gott durch Barmherzigkeit und priesterliches Mitgefühl – jede Interpretation in Frage, die Arroganz, Überlegenheit oder Verachtung fördert. Der "bessere Bund" ist keine Erlaubnis zum Stolz, sondern eine Einladung zu tieferer Treue, geprägt durch die Fürbitte und die selbstlose Liebe Christi.

Die Geschichte des Antijudaismus in der Kirche ist ein ernüchternder Hintergrund für die heutige Lektüre des Hebräerbriefs. Obwohl der Brief die überragende Herrlichkeit Christi und die Verheißungen des Neuen Bundes verkündet, darf er nicht in Erzählungen vereinnahmt werden, die das jüdische Volk herabwürdigen oder entfremden. Stattdessen kann eine sorgfältige und gewissenhafte Lektüre des Hebräerbriefs zu einer größeren Wertschätzung seiner jüdischen Wurzeln, einer umfassenderen Vision des Bundes und einer christlichen Identität führen, die nicht von Widerstand, sondern von Demut, Ehrfurcht und gemeinsamer Hoffnung geprägt ist.

Kapitel 11
Das einmalige Opfer Christi
(Hebräer 9,1 bis 10,18)

Die Kapitel 9 und 10 des Hebräerbriefs bieten eine der reichhaltigsten theologischen Betrachtungen über Christi Opfer im Neuen Testament. Nachdem der Autor Christi himmlisches Priestertum und seinen höheren Bund begründet hat, schildert er nun anschaulich die Bedeutung von Christi Opfer als endgültiges, einmaliges und unwiederholbares Ereignis – im scharfen Kontrast zu den wiederkehrenden Ritualen des Alten Bundes.

Kapitel 9 beginnt mit der Beschreibung der irdischen Stiftshütte und ihrer Rituale (9,1–10). Diese Bräuche, so der Autor, dienten in erster Linie symbolischer Natur, vorübergehender Maßnahmen, die keine dauerhafte Reinigung des Gewissens bewirken konnten. Es waren äußerliche Vorschriften, die auf eine tiefere, umfassendere Reinigung hinwiesen, die nur durch Christi Opfer erreicht werden konnte. Die Stiftshütte mit ihren deutlich voneinander abgegrenzten Bereichen zunehmender Heiligkeit – dem Heiligen und dem Allerheiligsten – verdeutlichte die Trennung zwischen Mensch und Gott und erforderte fortwährende Fürbitte der Priester und fortwährende Opfer.

Der Hebräerbrief verlagert den Fokus dann dramatisch von irdischen Ritualen auf die himmlische Realität. Christus wird dargestellt, wie er nicht ein von Menschenhand geschaffenes Heiligtum, sondern den Himmel selbst betritt und stellvertretend für die Menschheit vor Gott erscheint (9,11–12). Anders als die levitischen Priester, die wiederholt Tierblutopfer verlangten, opferte Christus sein eigenes Blut und sicherte so eine "ewige Erlösung". Dieser Unterschied ist entscheidend: Tieropfer waren begrenzt, symbolisch wirksam, konnten aber letztlich weder Schuld vollständig tilgen noch dauerhafte Versöhnung bewirken. Im Gegensatz dazu bewirkt Christi Opfer eine wahre und dauerhafte Reinigung des menschlichen Gewissens und verwandelt Gläubige von innen heraus.

Im Mittelpunkt dieser Argumentation steht die Reflexion des Autors über das Wesen von Christi Tod. Er wird als die endgültige Erfüllung des Opfersystems dargestellt, das unter dem mosaischen Bund eingeführt wurde. Indem der Hebräerbrief die Überlegenheit und Genügsamkeit von Christi Opfer betont, macht er deutlich, dass das alte System, das auf wiederholten Opfern beruhte, durch Christi einmalige Tat erfüllt und überholt ist (9,23–28). Christi Opfer läutet letztlich ein neues Zeitalter ein, das durch direkten Zugang zu Gott, innere spirituelle Erneuerung und tiefe Gewissheit der Vergebung gekennzeichnet ist.

Die Bildsprache intensiviert sich in Kapitel 10, wo die Grenzen des alten Opfersystems wiederholt werden: "Denn es ist unmöglich, dass das Blut von Stieren und Böcken Sünden wegnimmt" (10,4). Die

Wiederholung von Opfern verdeutlichte deren Wirkungslosigkeit und verwies auf etwas Besseres – ein Opfer, das wirklich ein für alle Mal reinigen und heiligen konnte. Der Autor zitiert Psalm 40 in der griechischen Septuaginta (LXX), wo es heißt: "Einen Leib hast du mir bereitet", statt wie im masoretischen Text: "Ähren hast du mir gegraben". Der Hebräerbrief nutzt diesen bedeutenden Textunterschied, um das leibliche Opfer Christi zu unterstreichen und seine freiwillige und vollständige Hingabe im Gehorsam gegenüber Gottes Willen hervorzuheben. Diese christologische Interpretation begründet eine neue und dauerhafte Bundesbeziehung.

Das Opfer Christi vollbringt laut Hebräer, was die alten Opfer nur symbolisieren konnten. Es bewirkt wahre Heiligung und sondert die Gläubigen dauerhaft als heilig vor Gott ab (10,10). Der Autor betont den vollendeten Charakter dieses Opfers, indem er erneut Christi Sitzhaltung zur Rechten Gottes erwähnt – eine kraftvolle symbolische Geste, die Vollendung, Endgültigkeit und Genügsamkeit unterstreicht (10,12–14).

Die pastoralen und theologischen Implikationen des einmaligen Opfers Christi sind tiefgreifend. Hebräer 10,18 bildet den praktischen Höhepunkt der intensiven theologischen Argumentation des Autors und erklärt entschieden: "Wo Vergebung ist, da ist kein Opfer mehr für Sünde." Die theologische Bedeutung lässt sich direkt in die Praxis umsetzen: Das Opfersystem mit wiederholten Tieropfern wird durch Christi vollendetes Opfer überflüssig. So definiert der

Hebräerbrief nicht nur theologisches Verständnis neu, sondern verändert auch die religiöse Praxis grundlegend. Er bestätigt, dass die früheren Methoden der Sühne aufgrund der umfassenden und endgültigen Vergebung durch Jesus überholt sind. Gläubige sind zu einem neuen Bund eingeladen, der von Vertrauen, Intimität und der Gewissheit der dauerhaften Versöhnung mit Gott geprägt ist und sich voll und ganz auf das vollendete Werk Christi verlässt.

Zusammenfassend lässt sich sagen, dass Hebräer 9,1–10,18 eine entscheidende Betrachtung des Opfers Christi als transformierendes, ein für alle Mal vollzogenes Ereignis bietet, das die Rituale des alten Bundes erfüllt und aufhebt. Durch sein einzigartiges Opfer begründet Christus einen neuen Bund, der durch dauerhafte Vergebung, innere Heiligung und direkten Zugang zu Gott gekennzeichnet ist.

Exkurs: Tieropfer in der Antike

Um die theologische Bedeutung des einmaligen Opfers Christi in Hebräer 9–10 voll zu erfassen, ist es wichtig, den breiteren kulturellen und religiösen Kontext zu verstehen, in dem Tieropfer eine Rolle spielten. Weit davon entfernt, eine spezifisch israelitische Praxis zu sein, waren Tieropfer in der Antike ein universelles Phänomen, das Kulturen, Kontinente und Glaubensrichtungen umfasste. Für die Völker der Antike war das Opfer von zentraler Bedeutung für das Verständnis und die Erhaltung der Beziehung zwischen Gott und Mensch.

Die Logik des Opfers

In den meisten antiken Gesellschaften dienten Opfer als Mittel der Kommunikation mit Gott. Tiere wurden den Göttern als Geschenke dargebracht, um Dankbarkeit auszudrücken, Gunst zu erbitten, für Unrecht zu büßen oder Schutz zu erlangen. Die zugrunde liegende Annahme war, dass göttliche Wesen durch rituelle Opfergaben geehrt und besänftigt werden könnten, insbesondere durch Opfergaben mit Blut, Feuer und der Transformation physischer Materie. Das Töten und Opfern eines Tieres war nicht nur symbolisch; man glaubte, es könne kosmische Ordnung, soziale Harmonie und persönliche Reinigung herstellen oder wiederherstellen.

Diese Logik galt für alle Religionssysteme Mesopotamiens, Ägyptens, Griechenlands, Roms und Kanaaniters. In der griechischen Religion wurden beispielsweise häufig gemeinschaftliche Opfer an Altären außerhalb von Tempeln dargebracht, wobei ausgewählte Teile verbrannt und der Rest in einem rituellen Mahl geteilt wurde. Die römische Religion institutionalisierte Opferriten als integralen Bestandteil bürgerlicher Identität und staatlicher Stabilität. In der kanaanitischen Praxis waren Opfer mit Fruchtbarkeit, Jahreszeiten und manchmal extremen Praktiken wie Kinderopfern verknüpft – Praktiken, von denen sich die Schriften Israels ausdrücklich distanzieren (z. B. Lev 18,21).

Tieropfer in Israel

Obwohl die israelitische Opfertheologie viele Opferformen – Brandopfer, Friedensopfer, Sündopfer und Schuldopfer – mit ihren Nachbarn gemeinsam hatte, zeichnete sie sich durch ihren strengen Monotheismus und ihren bundesstaatlichen Rahmen aus. Opfer wurden nicht dargebracht, um willkürliche Gunst zu erlangen, sondern um Bundestreue auszudrücken, Unreinheit zu beseitigen und die Beziehung zu Jahwe aufrechtzuerhalten. Im Buch Levitikus wird diese Theologie am ausführlichsten zum Ausdruck gebracht, wo das Blutvergießen als Mittel der rituellen Reinigung und Sühne dient: "Denn die Seele des Fleisches ist im Blut ... und das Blut ist es, das Sühne leistet durch die Seele" (Lev 17,11).

Der Versöhnungstag (Jom Kippur), der im Hebräerbrief ausdrücklich erwähnt wird, veranschaulichte dieses System. Einmal im Jahr betrat der Hohepriester das Allerheiligste, um stellvertretend für die gesamte Gemeinde Blut darzubringen und so Volk und Heiligtum symbolisch zu reinigen (Lev 16). Dieses Ritual offenbarte sowohl die Schwere der Sünde als auch die Möglichkeit der Versöhnung – aber auch ihre Vergänglichkeit. Die jährliche Wiederholung des Opfers signalisierte sowohl die Notwendigkeit als auch die Unzulänglichkeit des Systems.

Hebräer und die Kritik der Wiederholung

Vor diesem Hintergrund erhebt der Hebräerbrief eine tiefgreifende theologische Aussage: Christi Selbstaufopferung unterscheidet sich qualitativ von den wiederholten Tieropfern des Alten Bundes. Tierblut konnte zwar den Körper reinigen, aber nicht das Gewissen (Hebr 9,13–14). Gerade die Wiederholung der Opfer offenbarte ihre Unfähigkeit, die Sünde ein für alle Mal zu beseitigen (10,1–4). Christi Opfer hingegen wird als "ein für alle Mal" beschrieben, "durch den ewigen Geist" dargebracht und bewirkt vollständige und dauerhafte Erlösung (9,12.14.26).

Der Autor des Hebräerbriefs verunglimpft das alte System nicht, sondern betrachtet es als vorläufig und vorausschauend. Die Tieropfer des mosaischen Bundes wiesen über sich selbst hinaus auf eine größere Wirklichkeit. Sie fungierten als Vorbilder – rituelle Schatten der Substanz, die in Christus verwirklicht werden sollte. In diesem Rahmen ist Jesu Tod nicht nur ein weiteres Opfer in einer langen Reihe, sondern das einzigartige, endgültige Opfer, das wahren Zugang zu Gott und echte Reinigung von Sünden ermöglicht.

Tieropfer und moderne Leser
Für moderne Leser, insbesondere für diejenigen, die mit antiken religiösen Kulturen nicht vertraut sind, kann die starke Bedeutung der Opfersprache im Hebräerbrief herausfordernd oder sogar abstoßend sein. Heutige Empfindungen sind weit entfernt von einer Welt, in der das Töten von Tieren nicht nur religiös bedeutsam, sondern auch gesellschaftlich normativ war. Doch das Verständnis des antiken Opfers als universelle Form der göttlich-menschlichen Beziehung wirft ein Licht darauf, warum der Hebräerbrief so stark auf der Opferrolle Christi beharrt.

In der Antike wäre die Abschaffung des Opfers undenkbar gewesen. Es abzuschaffen, schien den Weg der Menschheit zum Göttlichen zu kappen. Der Hebräerbrief wagt diese Behauptung – nicht indem er das Opfer gänzlich ablehnt, sondern indem er bekräftigt, dass das Opfer in Jesus seine höchste Erfüllung erreicht hat. Kein weiteres Opfer ist nötig, weil das einzig wahre Opfer dargebracht wurde.

Tieropfer bildeten die Grundlage der antiken Religion, auch der israelischen. Sie verkörperten sowohl die tiefste Sehnsucht der Menschheit nach göttlicher Gemeinschaft als auch das anhaltende Problem von Sünde und Entfremdung. Der Hebräerbrief ehrt diese Tradition und erklärt zugleich, dass Christi Selbstaufopferung erfüllt hat, was Tieropfer niemals erreichen konnten. Sein ein für alle Mal vergossenes Blut eröffnet einen neuen und lebendigen Weg in die Gegenwart Gottes – und macht weiteres Blutvergießen unnötig und überflüssig. So schöpft der Hebräerbrief aus der Opferwelt, die er beheimatet, und transzendiert sie zugleich. Er weist die Leser auf einen Gott hin, der nicht das Blut von Stieren und Ziegen begehrt, sondern durch Gnade verwandelte Herzen.

Kapitel 12
Halte am Glauben fest
Warnungen und Beispiele
(Hebräer 10,19 bis 11,40)

Nachdem der Autor des Hebräerbriefs das höhere Priestertum und Opfer Christi gründlich dargelegt hat, wendet er sich in Kapitel 10,19 einer ausdrücklichen seelsorgerlichen Ermahnung zu. Dieser Abschnitt, der sich bis zur berühmten "Halle des Glaubens" in Kapitel 11 erstreckt, markiert einen Wechsel von der theologischen Darlegung hin zu dringender Ermutigung und warnenden Warnungen. Die Zuhörer werden aufgefordert, im Glauben zu verharren, gegründet auf die volle Gewissheit, die das vollendete Werk Christi bietet.

Hebräer 10,19–25 leitet diesen Wandel ein, indem es Gläubige dazu auffordert, vertrauensvoll in Gottes Gegenwart zu treten, indem sie ihre Herzen und ihr Gewissen durch Christi Opfer reinigen lassen. Die theologischen Implikationen sind praktisch und unmittelbar: Gläubige müssen "unerschütterlich an der Hoffnung festhalten, die wir bekennen", sich gegenseitig aktiv ermutigen, sich regelmäßig versammeln und geistlich wachsam bleiben (10,23–25). Der Autor betont die gemeinschaftliche Verantwortung und bekräftigt, dass Beharrlichkeit im Glauben nicht nur individuell, sondern zutiefst gemeinschaftlich ist.

10,26–31 noch unterstrichen. Wer Christus nach der Erfahrung der Wahrheit bewusst ablehnt, muss mit schwerwiegenden Konsequenzen rechnen. Die Eindringlichkeit dieser Warnung dient einem rhetorischen Zweck und unterstreicht die Ernsthaftigkeit der Treue und die Schwere des Verzichts auf das einzigartige und endgültige Opfer Christi. Anstatt bloß Angst zu schüren, unterstreicht sie die unersetzliche Bedeutung von Christi Sühnewerk und drängt Gläubige zu neuer Hingabe.

Der Hebräerbrief gleicht diese Warnung mit einer Erinnerung an die eigene Geschichte des Durchhaltens unter Verfolgung und Not aus (10,32–39). Sie hatten bereits inmitten von Leid, öffentlicher Schmach und bereitwilliger Anteilnahme am Leid ihrer Mitgläubigen Ausdauer bewiesen. Der Autor bekräftigt ihre frühere Widerstandsfähigkeit als Beweis echten Glaubens und drängt auf anhaltendes Durchhalten in Erwartung der versprochenen Belohnung. So wird die bisherige Treue sowohl zum Trost als auch zur Aufforderung zu anhaltender Treue.

Das berühmte 11. Kapitel bietet eine anschauliche Erzählung, die dieses Durchhaltevermögen durch Glauben veranschaulicht. Oft als "Halle des Glaubens" bezeichnet, listet es alttestamentarische Persönlichkeiten auf, deren Leben inmitten von Widrigkeiten und Unsicherheit unerschütterliches Vertrauen in Gott verkörperte. Von Abel und Henoch über Noah, Abraham, Sarah, Moses und darüber hinaus umfasst die Liste ein breites Spektrum gläubigen Lebens: Gehorsam, Ausdauer, Opferbereitschaft und die hoffnungsvolle Erwartung von Versprechen, die sich zu ihren Lebzeiten nicht vollständig erfüllten.

Diese Glaubenshelden werden nicht als makellose Individuen dargestellt, sondern als Vorbilder des beständigen Vertrauens auf Gottes Versprechen. Ihre Geschichten veranschaulichen den Glauben als "Vertrauen auf das, was wir hoffen, und die Gewissheit dessen, was wir nicht sehen" (11,1). Für die Hebräer ist Glaube dynamisch und aktiv und drückt sich in konkreten Taten des Gehorsams, der Aufopferung und des Mutes angesichts von Widerstand und Leid aus.

Der Hebräerbrief betont auch die eschatologische Dimension des Glaubens – jede Figur in Kapitel 11 zeichnet sich durch vorausschauende Erwartung aus, erkennt ihren Pilgerstatus an und erwartet eine zukünftige, von Gott geplante und erbaute Stadt (11,13–16). Diese Orientierung gibt den Lesern tiefe Ermutigung und erinnert sie daran, dass Glaube zwangsläufig geduldiges Warten und Vertrauen auf Gottes endgültige Erfüllung beinhaltet.

Wichtig ist, dass der Hebräerbrief diesen Katalog mit der Betonung der Unvollständigkeit der Erfahrungen dieser antiken Persönlichkeiten abschließt: "Diese alle haben durch ihren Glauben Zeugnis empfangen, doch keiner von ihnen hat das Verheißene erlangt. Denn Gott hat etwas Besseres für uns vorgesehen, damit sie nur gemeinsam mit uns vollendet werden" (11,39–40). Diese zentrale Aussage verbindet

Gläubige aus Vergangenheit, Gegenwart und Zukunft und unterstreicht eine einheitliche Erzählung der Erlösung, die in Christus gipfelt.

Der pastorale Zweck ist klar: Die Zuhörer werden eingeladen, ihre eigenen Kämpfe und Unsicherheiten im größeren Kontext von Gottes Treue im Laufe der Geschichte zu betrachten. Als Erben dieses Glaubenserbes sind die Gläubigen angehalten, nicht zurückzuweichen, sondern zuversichtlich voranzuschreiten, ermutigt durch die Schar treuer Zeugen, die Gottes unveränderliche Treue und seine Versprechen bezeugen.

Zusammenfassend lässt sich sagen, dass Hebräer 10,19–11,40 meisterhaft Ermahnung, Warnung, Ermutigung und historische Beispiele vereint, um Gläubige zu unerschütterlichem Ausharren im Glauben zu ermutigen. Die Geschichten vergangener Helden bekräftigen den Aufruf zum gegenwärtigen Durchhalten und gründen ihre Hoffnung fest auf die Treue Gottes und das vollendete Werk Christi.

Exkurs: Glaube und Treue im Neuen Testament – Der Reichtum von Πίστις

Das griechische Wort πίστις (*pistis*) – üblicherweise mit "Glaube" übersetzt – gehört zu den theologisch bedeutsamsten und vielschichtigsten Begriffen des Neuen Testaments. Im Zentrum christlichen Lebens und christlicher Lehre kann *pistis* eine Vielzahl von Bedeutungen vermitteln, von Glauben oder Vertrauen bis hin zu Loyalität, Treue und Standhaftigkeit. Der Hebräerbrief, insbesondere Kapitel

11, veranschaulicht diese Bandbreite anschaulich, indem er Glauben nicht nur als intellektuelle Zustimmung, sondern als beharrliche, mutige und gelebte Treue zu Gott darstellt.

Pistis: Ein semantisches Feld
Im klassischen und hellenistischen Griechisch hatte *Pistis* eine große Bedeutungsbreite. Es konnte bedeuten: Vertrauen in eine Person oder einen Anspruch (ähnlich wie "Glaube")
Zuverlässigkeit oder Glaubwürdigkeit (wie etwa "dieser Bericht ist vertrauenswürdig")
Loyalität oder Treue in Beziehungen, insbesondere innerhalb von Patron-Klient-Systemen oder politischen Allianzen

In jüdisch-griechischen Texten wie der Septuaginta erhielt Pistis auch bundespolitische Konnotationen, oft in Verbindung mit hebräischen Begriffen wie 'emunah, was Standhaftigkeit oder Treue bedeutet. In den Psalmen und prophetischen Schriften bezieht sich Gottes *Pistis typischerweise auf Gottes Treue zu seinen Versprechen. Pistis könnte* somit sowohl Gottes unerschütterliche Verlässlichkeit als auch die menschliche Reaktion auf Vertrauen und Loyalität beschreiben.

Glaube oder Treue? Interpretation von Pistis im Neuen Testament
Wenn die Autoren des Neuen Testaments *das Wort pistis verwenden,* wechseln sie oft fließend zwischen diesen Bedeutungen. Zum Beispiel:

In den Briefen des Paulus kann *"pistis"* Vertrauen in Gottes rettendes Handeln bedeuten (Röm 3,28), es konnotiert aber auch ein Leben in Bundestreue (Gal 5,6; 1 Thess 1,3).

Die Debatte darüber, ob "πίστις Χριστοῦ" (z. B. Gal. 2,16; Röm. 3,22) als "Glaube an Christus" (objektiver Genitiv) oder als "Treue Christi" (subjektiver Genitiv) übersetzt werden sollte, verdeutlicht diese Komplexität. Beide Übersetzungen sind grammatikalisch möglich und theologisch wertvoll.

In Hebräer 11 wird *Pistis* nicht als abstrakter Glaube, sondern als beständige Treue dargestellt, die sich in konkretem Handeln ausdrückt. Die sogenannte "Halle des Glaubens" stellt Menschen vor, die "im Glauben" gehorchten, bauten, litten, wanderten und ausharrten. Glaube bedeutet hier nicht nur, an die Existenz Gottes zu glauben (vgl. Hebr 11,6), sondern trotz Verzögerungen, Schwierigkeiten oder Unsicherheit gemäß Gottes Versprechen zu handeln. Abel bietet an. Noah baut. Abraham geht. Mose lehnt ab. Rahab heißt willkommen. Jede Tat demonstriert eine *Pistis,* die sowohl Vertrauen in Gott als auch treuen Gehorsam gegenüber Gottes Ruf umfasst.

Die pastorale Botschaft ist klar: Für Hebräer ist *Pistis* keine statische Eigenschaft, sondern gelebte Orientierung an Gott – ihm im Unsichtbaren zu vertrauen und inmitten von Prüfungen treu zu bleiben. Dabei geht es weniger um mentale Gewissheit als vielmehr um die Beständigkeit in Beziehungen.

Kapitel 13
Laufen mit Ausdauer
Gottes Disziplin und himmlische
Staatsbürgerschaft (Hebräer 12,1–29)

In Kapitel 12 geht der Hebräerbrief nahtlos von Beispielen historischer Treue zu einer direkten Ermahnung über die praktischen Auswirkungen beständigen Glaubens über. Inspiriert von der zuvor beschriebenen "großen Wolke von Zeugen" ruft der Autor Gläubige nun dazu auf, dieses Erbe aktiv zu leben, indem sie ihren spirituellen Weg auch inmitten von Schwierigkeiten und göttlicher Züchtigung fortsetzen.

Das Kapitel beginnt mit einer anschaulichen Darstellung des Sports, um Ausdauer zu betonen: "Lasst uns alles ablegen, was uns behindert, und die Sünde, die uns ständig umstrickt, und mit Ausdauer den Lauf laufen, der uns vorgezeichnet ist" (12,1). Diese Metapher vermittelt eindrucksvoll die harte Anstrengung, das konzentrierte Engagement und die disziplinierte Entschlossenheit, die von Gläubigen verlangt werden. Entscheidend ist, dass der Autor die Aufmerksamkeit auf Jesus als Vorbild der Ausdauer lenkt, der "um der vor ihm liegenden Freude willen das Kreuz ertrug, die Schande gering achtete und sich zur Rechten des Thrones Gottes setzte" (12,2). Somit ist

Christus nicht nur Gegenstand des Glaubens, sondern auch dessen höchstes Vorbild, das Ausdauer im Leiden um der zukünftigen Herrlichkeit willen beweist.

Der Hebräerbrief vertieft das Thema Leiden, indem er es durch die Linse göttlicher Disziplin betrachtet (12,5–11). Unter Berufung auf Sprüche 3,11–12 stellt der Autor Nöte als Beweis für Gottes väterliche Fürsorge und nicht für göttliche Vernachlässigung dar. Disziplin, obwohl schmerzhaft, wird positiv dargestellt, als Zeichen einer echten Beziehung zu Gott, der für seine Kinder spirituelle Reife und Heiligkeit anstrebt. Diese Perspektive verwandelt Widrigkeiten von bloßen Hindernissen in bedeutsame Wachstumschancen und fordert Gläubige auf, mit Geduld, Widerstandsfähigkeit und Vertrauen zu reagieren.

In Vers 12,12–17 geht die Ermahnung von persönlicher Ausdauer zur gemeinsamen Verantwortung über. Gläubige werden aufgefordert, sich gegenseitig in ihrem gemeinsamen Kampf zu unterstützen und sicherzustellen, dass niemand durch Bitterkeit, Unmoral oder spirituelle Nachlässigkeit Gottes Gnade verliert. Das Beispiel Esaus dient als ernüchternde Warnung vor den Gefahren sofortiger Befriedigung und der sorglosen Missachtung des eigenen spirituellen Erbes. Diese Mahnung unterstreicht, wie ernst Gläubige ihre gemeinschaftliche und individuelle spirituelle Verantwortung nehmen müssen.

Im Höhepunkt von Kapitel 12 (Verse 18–29) stellt der Hebräerbrief die Furcht und Unerreichbarkeit des Sinai der freudigen und einladenden Realität des

Berges Zion gegenüber. Unter dem neuen Bund nähern sich Gläubige Gott nicht in der zitternden Furcht des mosaischen Gesetzes, sondern mit freudiger Zuversicht und feiern ihren Status als Bürger des himmlischen Jerusalem. Diese Darstellung Zions unterstreicht eindringlich die Sicherheit, Beständigkeit und das spirituelle Privileg, die die neue Beziehung der Gläubigen zu Gott durch Christus mit sich bringt.

Dennoch schließt der Autor mit der ernsten Erinnerung, dass dieses himmlische Privileg weder beiläufige Vertrautheit noch verminderte Ehrfurcht bedeutet. Gott bleibt "ein verzehrendes Feuer" (12,29), und das Reich, das die Gläubigen erben, ist letztlich "unerschütterlich", gerade wegen Gottes heiligem Charakter und seiner souveränen Autorität. Daher ist die angemessene Antwort ein Leben geprägt von ehrfürchtiger Anbetung, Ehrfurcht und tiefer Dankbarkeit, das zuversichtliche Freude mit demütiger Ehrfurcht in Einklang bringt.

Zusammenfassend lässt sich sagen, dass Hebräer 12 persönliche Ermahnung, gemeinschaftliche Verantwortung und eschatologische Verheißung kraftvoll vereint. Indem es Widrigkeiten als zielgerichtete göttliche Disziplin interpretiert und die privilegierte himmlische Staatsbürgerschaft der Gläubigen betont, mahnt es zu aktivem, diszipliniertem Durchhaltevermögen, das fest im Vorbild Christi und den bleibenden Verheißungen Gottes verwurzelt ist.

Exkurs: Die Bedeutung von Παιδεία in der Antike und im Hebräerbrief

Im klassischen griechischen Denken bezeichnete Paideia die schulische, moralische und bürgerliche Bildung eines Menschen, insbesondere eines jungen Mannes. Sie umfasste nicht nur Sprach-, Literatur- und Philosophieunterricht, sondern auch die Entwicklung von Tugend, Disziplin und Ausdauer. Ziel der Paideia war es, den Charakter und die Gewohnheiten eines Menschen so zu formen, dass er seinen sozialen und moralischen Pflichten nachkommen konnte. Dieser Prozess war anspruchsvoll und erforderte Anstrengung, Training, Korrektur und manchmal auch Entbehrungen. Sein Zweck war jedoch stets konstruktiv: Reife, Weisheit und Vortrefflichkeit (aretē) hervorzubringen.

Dieses Konzept blieb im hellenistischen Judentum einflussreich. Das Buch der Sprichwörter, das in der jüdischen Diaspora weit verbreitet war, lobte die Zucht des Herrn als Zeichen der Liebe und Weg zur Weisheit (z. B. Spr. 3,11–12). Die Septuaginta – die griechische Übersetzung der hebräischen Bibel – verwendet παιδεία wiederholt für hebräische Begriffe im Zusammenhang mit Korrektur, Unterweisung und Erziehung. Paideia war vielen jüdischen Lesern des ersten Jahrhunderts bereits als philosophisches Ideal und bundesmäßiges Muster für Gottes Umgang mit seinem Volk vertraut.

Hebräer 12,5–11 bezieht sich direkt auf Sprüche 3,11–12 und zitiert die Passage, um ihren Aufruf zur Ausdauer in der Heiligen Schrift zu verankern:

"Mein Kind, achte die Zucht (παιδεία) des Herrn nicht gering … denn der Herr züchtigt die, die er liebt." (Hebr. 12,5–6)

Der Autor entwickelt dann ein theologisches Argument, das auf familiären Bildern gründet: So wie irdische Väter ihre Kinder aus Liebe und Verantwortung disziplinieren, so diszipliniert Gott diejenigen, die er "Söhne" nennt. Göttliche παιδεία zu erfahren bedeutet also nicht, abgelehnt zu werden, sondern als legitimes Kind Gottes anerkannt zu werden (Hebr 12,7–8).

Der Ton ist hier pastoral, nicht strafend. Der Hebräerbrief legt nicht nahe, dass alles Leiden eine von Gott angeordnete Korrektur ist, sondern dass die Erfahrung von Not als Teil von Gottes prägendem Prozess verstanden werden kann. Er ist ein Aufruf, Leiden nicht als Verlassenheit, sondern als Chance zu verstehen: eine Einladung zu spirituellem Wachstum, moralischer Verfeinerung und tieferem Vertrauen in Gott.

Das Kapitel bestätigt, wie schwierig dieser Prozess ist: "Im Augenblick ist jede Züchtigung eher schmerzhaft als angenehm" (12,11). Dennoch betont es, dass das Ergebnis – "die friedvolle Frucht der Gerechtigkeit" – die Mühe rechtfertigt. Wie ein Sportler im Training oder ein Schüler unter strenger Anleitung hält der Gläubige nicht wegen des Schmerzes selbst durch, sondern wegen der daraus resultierenden Vortrefflichkeit.

Kapitel 14
Leben außerhalb des Lagers
Ethik, Gemeinschaft und Gottesdienst
(Hebräer 13,1–25)

Hebräer Kapitel 13 setzt die ethischen Ermahnungen des Briefes fort und betont, wie theologische Wahrheiten im alltäglichen Gemeindeleben umgesetzt werden. Nach einer ausführlichen Darstellung der tiefgreifenden spirituellen und theologischen Realitäten von Christi Priestertum, Opfer und Bund schließt der Autor mit klaren, praktischen Anweisungen zu ethischem Leben, gemeinschaftlicher Verantwortung und Gottesdienstpraxis. Dieses letzte Kapitel unterstreicht die Kontinuität zwischen Glauben und Verhalten und fordert Gläubige auf, ihre himmlische Staatsbürgerschaft durch konkrete Taten zu verkörpern.

Das Kapitel beginnt mit einer prägnanten, aber eindringlichen Ermahnung: "Haltet an der Brüderliebe fest" (13,1). Die Liebe, die in der Ethik des Neuen Testaments stets als zentral dargestellt wird, wird hier als bestimmendes Merkmal christlicher Gemeinschaft in den Vordergrund gestellt. Der Aufruf bezieht sich insbesondere auf die Gastfreundschaft gegenüber Fremden und erinnert an Beispiele aus der Heiligen Schrift von Menschen, die unwissentlich Engel beherbergten (13,2). Diese Gastfreundschaft steht für Offenheit, Großzügigkeit und den Abbau sozialer Barrieren und spiegelt die umfassende Liebe Christi wider.

Es folgen weitere ethische Anweisungen, die mitfühlende Solidarität mit Verfolgten und Gefangenen (13,3), die Bewahrung der Reinheit in der Ehe (13,4) und die Pflege einer Zufriedenheit ohne Gier (13,5) betonen. Jede Anweisung begründet ethisches Verhalten fest in theologischen Überlegungen – Gottes Treue und Gegenwart untermauern die ethischen Entscheidungen des Gläubigen und befähigen ihn, Materialismus und Unmoral selbstbewusst abzulehnen.

Der Hebräerbrief betont insbesondere, wie wichtig es ist, Gemeindevorsteher, die Gottes Wort treu verkünden, zu ehren und sich ihnen unterzuordnen (13,7.17). Gläubige werden ermutigt, das treue und konsequente Leben ihrer Gemeindevorsteher zu beobachten und nachzuahmen. Gleichzeitig werden Gemeindevorsteher an ihre Verantwortung erinnert, sorgfältig zu hüten, im Wissen, dass sie vor Gott Rechenschaft ablegen müssen. Diese gegenseitige Verantwortung fördert eine Gemeinschaft, die von Vertrauen, Integrität und spiritueller Reife geprägt ist.

Die zentrale Bedeutung der Unveränderlichkeit Christi wird prägnant bekräftigt: "Jesus Christus ist derselbe gestern, heute und in Ewigkeit" (13,8). Diese Aussage verankert die ethischen Ermahnungen in Christi beständigem Charakter und seiner verlässlichen Treue. Da Christus sich nicht verändert, werden Gläubige ermutigt, in ihrem Glauben und ihrer Praxis standhaft zu bleiben und theologischen Neuerungen oder äußerem religiösen Druck, der von den Kernlehren des Evangeliums abweicht, zu widerstehen (13,9).

Hebräer 13,10–16 verbindet weiterhin theologische Reflexion mit praktischer Anbetung. Der Autor stellt die Anbetung, die auf Christi Opfergabe zentriert ist, den Praktiken des früheren Bundes gegenüber. Gläubige sind aufgerufen, Christi Schmach zu tragen, metaphorisch "aus dem Lager hinauszugehen", was die Bereitschaft signalisiert, für ihre Identifikation mit Christus Ausgrenzung in Kauf zu nehmen. Wahre Anbetung besteht laut Hebräer nicht nur aus rituellen Handlungen, sondern aus Güte, Großzügigkeit und ethischem Leben, die als gottgefällige Opfer beschrieben werden (13,15–16).

Das Kapitel schließt mit persönlichen Anmerkungen, Gebetsanliegen und Segenssprüchen (13,18–25), die die relationale und gemeinschaftliche Dimension der Treue bekräftigen. Diese letzten Grüße betonen die Bande der Zuneigung, Fürsorge und gegenseitigen Abhängigkeit innerhalb der Glaubensgemeinschaft und fordern die Gläubigen auf, füreinander und für ihre geistlichen Führer zu beten.

Der Hebräerbrief endet mit einem wunderschönen und theologisch wertvollen Segensspruch, in dem der Gott des Friedens angerufen wird, der Jesus von den Toten auferweckt hat, um die Gläubigen zu jedem guten Werk zu befähigen (13,20–21). Dieses Gebet fasst die zentralen Themen des Briefes zusammen: die Genügsamkeit des Opfers Christi, die transformierende Kraft des Neuen Bundes und den Ruf zu einem ethischen Leben, gestärkt durch Gottes Gnade.

Zusammenfassend lässt sich sagen, dass Hebräer Kapitel 13 ethische Ermahnungen, praktische Gemeinschaftsverantwortung und authentische Anbetung vereint und verdeutlicht, wie tiefgründige theologische Erkenntnisse sich unweigerlich im täglichen Leben manifestieren müssen. Indem der Autor Ethik direkt mit Christi unveränderlichem Charakter und seinem vollendeten Werk verknüpft, zeigt er überzeugend, dass sich echter Glaube stets in liebevollem Handeln, gemeinschaftlicher Treue und anbetungswürdigem Gehorsam offenbart.

Exkurs: Verfolgung im frühen Christentum – Ein Kontext für die ethische Vision des Hebräerbriefs

Der gesamte Hebräerbrief, insbesondere sein ermahnender Höhepunkt in Kapitel 13, ist dringlich, pastoral und ethisch geprägt. Die Gemeinde ist zu gegenseitiger Liebe, Gastfreundschaft, Mitgefühl für Gefangene, sexueller Reinheit, Zufriedenheit und Respekt vor den Führern aufgerufen. Diese Anweisungen sind nicht bloß abstrakte Tugenden – sie sind Antworten auf die gelebte Erfahrung einer Gemeinschaft unter Druck. Der Hebräerbrief bietet diese Gebote im Schatten von Verfolgung, Ausgrenzung und Leid.

Das Verständnis der Natur der Verfolgung im frühen Christentum – ihrer Formen, Ursachen und psychologischen Auswirkungen – kann modernen Lesern helfen, sowohl die Schärfe als auch die

Zärtlichkeit der Ermahnungen im Hebräerbrief zu begreifen.

Anders als in späteren Jahrhunderten, in denen Christen unter Herrschern wie Decius oder Diokletian offizieller, reichsweiter Verfolgung ausgesetzt waren, spiegelt der im Hebräerbrief beschriebene Widerstand eine lokale, soziale und inoffizielle Form des Drucks wider. Hebräer 10,32–34 erinnert an frühere Erfahrungen öffentlicher Schande, materieller Verluste und Solidarität mit den Gefangenen:

> Du hast einen harten Kampf mit Leiden ertragen und warst manchmal öffentlich Beschimpfungen und Verfolgungen ausgesetzt. Denn du hattest Mitleid mit den Gefangenen und hast die Plünderung deines Besitzes freudig hingenommen.

Diese Passage deutet darauf hin, dass die Gemeinde bereits für ihren Glauben gelitten hatte, wenn auch wahrscheinlich noch nicht bis zum Martyrium. Hebräer 12,4 bestätigt dies: "Im Kampf gegen die Sünde habt ihr noch nicht bis zum Blutvergießen Widerstand geleistet."

Dieses Leid war wahrscheinlich eher auf soziale Entfremdung, den Verlust rechtlicher oder wirtschaftlicher Stellung und lokale Feindseligkeiten zurückzuführen als auf formelle Strafverfolgung. Auch außerhalb des Neuen Testaments finden sich Belege für dieses Muster. Ein berühmtes Beispiel findet sich in der Korrespondenz zwischen Plinius dem Jüngeren, dem römischen Statthalter von Bithynien-Pontus (in der heutigen Türkei), und Kaiser Trajan um 112 n. Chr.

In Plinius' Brief an Trajan (Ep. 10,96–97) beschreibt er, wie er in seiner Provinz auf Christen trifft und unsicher ist, wie er vorgehen soll. Er sucht sie nicht aktiv auf, sondern ermittelt, wenn Anschuldigungen erhoben werden. Christen werden verhört und können bestraft werden, wenn sie an ihrem Geständnis festhalten – diejenigen, die abschwören und die römischen Götter anbeten, bleiben jedoch verschont. Plinius erwähnt, dass er von verdächtigen Christen verlangte, dem Bild des Kaisers Weihrauch und Wein darzubringen und Christus zu verfluchen – Loyalitätsbeweise, die Christen in der Regel ablehnten.

Entscheidend ist, dass Plinius berichtet, dass sich die "Seuche" des Christentums nicht nur in den Städten, sondern auch auf dem Land ausgebreitet hatte und dass ehemalige Heiden Tempel und traditionelle Opfergaben aufgaben. Trajan wies Plinius daraufhin an, Christen nicht aktiv zu verfolgen, sondern sie zu bestrafen, wenn sie formell angeklagt und für schuldig befunden würden.

Dieser Briefwechsel veranschaulicht mehrere Schlüsselaspekte der frühen Verfolgung, der Christen ausgesetzt waren:

Es handelte sich um eine regionale und fallspezifische Angelegenheit, die von der Haltung der örtlichen Gouverneure abhängig war.

Das Hauptvergehen bestand nicht darin, unorthodoxe Glaubensvorstellungen an sich zu vertreten, sondern darin, römische religiöse Normen – insbesondere die Kaiserverehrung – nicht zu respektieren.

Anschuldigungen könnten auf gesellschaftlichen Unmut, religiöse Misstrauen oder politische Spannungen beruhen.

Obwohl Plinius' Brief mehrere Jahrzehnte nach dem Hebräerbrief entstand, spiegelt er die Art von unvorhersehbarer, bürgerlicher Feindseligkeit und religiöser Ausgrenzung wider, die die Leser des Hebräerbriefs möglicherweise erlebten. Ihr Leiden war zwar noch kein Martyrium, aber es war real: wirtschaftlicher Druck, Statusverlust, drohende Inhaftierung und die anhaltende Versuchung, zu gesellschaftlich akzeptableren Formen der Religion zurückzukehren.

Kapitel 15
Kanonischer Status und historische Rezeption

Der Hebräerbrief nimmt innerhalb der Entwicklung des neutestamentlichen Kanons eine einzigartige Stellung ein. Seine Anonymität, seine komplexe Theologie und seine stilistische Besonderheit heben ihn von anderen apostolischen Schriften ab. Trotz – oder vielleicht gerade wegen – dieser Besonderheiten übte der Hebräerbrief einen tiefen Einfluss auf die frühchristliche Theologie, Liturgie und kirchliche Identität aus. Dieses Kapitel verfolgt die Entwicklung der Rezeption des Hebräerbriefs und untersucht, wie er in den Kanon aufgenommen wurde und welches theologische Gewicht er über Generationen hinweg hatte.

Es ist wichtig zu erkennen, dass sich das Konzept eines festen neutestamentlichen Kanons erst im vierten Jahrhundert vollständig herausbildete. Vor dieser Zeit waren die frühen christlichen Gemeinden in fließende und lokale Prozesse der Textverwendung und theologischen Unterscheidung eingebunden. Daher lässt sich die Rezeption des Hebräerbriefs vor dem vierten Jahrhundert nicht als einfache Akzeptanz oder Ablehnung beschreiben. Vielmehr spiegelt die frühe Verwendung des Hebräerbriefs – und zeitweise auch seine Nichtverwendung – umfassendere Muster der Schriftbildung, der liturgischen Einbindung und der theologischen Resonanz wider.

Der Hebräerbrief fehlt auffällig in einigen frühen Verzeichnissen maßgeblicher Schriften und ist in Zitaten einiger Autoren des zweiten Jahrhunderts unterrepräsentiert. Das Muratorische Fragment, dessen genaue Datierung und Herkunft umstritten sind, enthält den Hebräerbrief nicht. Diese Auslassung könnte auf Zweifel hinsichtlich der Urheberschaft, der geografischen Nutzung oder der Entwicklung von Handschriftensammlungen zurückzuführen sein. Die Unsicherheiten im Kontext des Fragments mahnen zudem davor, endgültige Schlussfolgerungen über den Status des Hebräerbriefs in allen frühchristlichen Gemeinden zu ziehen. Dennoch bedeuten solche Auslassungen nicht zwangsläufig eine Ablehnung.

Ein wesentlicher Unterschied in der frühen Rezeption des Hebräerbriefs liegt zwischen der griechischen und der lateinischen Handschriftentradition. Der Hebräerbrief war in den griechischen Sammlungen der Paulusbriefe durchgehend enthalten, in den lateinischen jedoch zunächst nicht. Dieser Unterschied hatte vermutlich eher mit Schreibpraktiken und der Überlieferung der Handschriften zu tun als mit formalen theologischen Entscheidungen. Die Vielfalt der Rezeption in den Handschriftentraditionen zeigt, dass die Haltung der frühen Christen zum Hebräerbrief ebenso stark von praktischen und regionalen Faktoren wie von Lehrurteilen geprägt war.

In den griechischsprachigen Gemeinden gewann der Hebräerbrief spätestens im 3. Jahrhundert an Bedeutung. Clemens von Alexandria erkannte ihn als paulinisch an und vermutete, dass Paulus den Brief ursprünglich auf Hebräisch verfasst und Lukas ihn ins Griechische übersetzt hatte. Origenes räumte zwar die Unsicherheit der Urheberschaft ein – "Wer den Brief geschrieben hat, weiß Gott allein" –, schätzte aber dennoch seine theologische Tiefe und spirituelle Einsicht. Seine Aufnahme in griechische Kodizes der Paulusbriefe stärkte seine Verwendung und Autorität.

Im Gegensatz dazu scheinen die lateinischsprachigen Gemeinden den Hebräerbrief langsamer als paulinisch anerkannt zu haben. Die frühe lateinische Tradition nahm den Hebräerbrief nicht in die paulinischen Sammlungen auf, und Fragen zu seiner Urheberschaft blieben bestehen. Doch im Laufe der Zeit befürworteten einflussreiche Persönlichkeiten wie Hieronymus und Augustinus seine Aufnahme, obwohl sie Debatten über seine Urheberschaft und Autorität einräumten. Die Konzile von Hippo (393) und Karthago (397) nahmen den Hebräerbrief in ihre Verzeichnisse der neutestamentlichen Schriften auf.

Nachdem der Hebräerbrief breite Akzeptanz erlangt hatte, übte er großen Einfluss auf Theologie, Liturgie und kirchliche Struktur aus. Seine Darstellung Christi als Hohepriester prägte das frühchristliche Verständnis von Jesu himmlischem Wirken und Sühneopfer. Die Betonung von Beharrlichkeit und Bundestreue fand in den klösterlichen und pastoralen Traditionen großen Anklang. In östlichen Liturgien wurde der Hebräerbrief manchmal in der Karwoche gelesen, da seine Themen Opfer und Priestertum mit der Passionsgeschichte übereinstimmten.

Patristische Theologen stützten sich stark auf den Hebräerbrief. Athanasius zitierte ihn zur Verteidigung der nizänischen Christologie. Johannes Chrysostomus hielt Predigten über den Hebräerbrief, die die spätere Auslegungstradition prägten. Thomas von Aquin integrierte den Hebräerbrief später in die systematische Theologie und verfasste einen einflussreichen Kommentar.

Zusammenfassend lässt sich sagen, dass der kanonische Status und die Rezeption des Hebräerbriefs einen dynamischen und vielschichtigen Prozess veranschaulichen. Statt einer Geschichte einfacher Einbeziehung oder Ausgrenzung spiegelt der Weg des Hebräerbriefs in den Kanon das komplexe Zusammenspiel von Manuskripttradition, theologischer Resonanz und kirchlichem Gebrauch wider. Was als anonyme Predigt begann, wurde schließlich als Heilige Schrift anerkannt – nicht allein aufgrund seiner Herkunft, sondern aufgrund seiner Kraft, Christus in das Leben der Kirche zu bringen.

Kapitel 16
Moderne Ansätze zum Hebräerbrief

Der Hebräerbrief stellte Interpreten aufgrund seiner anonymen Autorschaft, seines unverwechselbaren Stils und seiner komplexen Theologie lange vor Herausforderungen. In den letzten Jahrzehnten hat der Brief mit einem breiten Spektrum methodischer Ansätze erneut wissenschaftliches Interesse geweckt. Dieses Kapitel untersucht einige der einflussreichsten zeitgenössischen Ansätze zur Erforschung des Hebräerbriefs, darunter die historisch-kritische Analyse, die rhetorische und narrative Kritik sowie verschiedene ideologische Lesarten wie feministische, postkoloniale und liberationistische Ansätze. Jede dieser Perspektiven beleuchtet unterschiedliche Dimensionen des Textes und trägt zu einem besseren Verständnis seiner theologischen, literarischen und kulturellen Bedeutung bei.

Historisch-kritische Ansätze prägen nach wie vor die wissenschaftliche Auseinandersetzung mit dem Hebräerbrief, insbesondere bei der Rekonstruktion des historischen Kontexts und der Rückverfolgung seiner Verwendung biblischer Quellen. Wissenschaftler dieser Tradition haben die Auseinandersetzung des Hebräerbriefs mit der Septuaginta (LXX), seinen konzeptionellen Hintergrund im Judentum des Zweiten

Tempels und seinen theologischen Dialog mit frühchristlichen Gemeinden analysiert. Der Schwerpunkt liegt dabei oft auf der Einordnung des Hebräerbriefs in die vielfältige Landschaft des frühen Christentums und dem Verständnis, wie seine Argumentation aus zeitgenössischen religiösen Entwicklungen hervorgeht und auf diese reagiert. Diese Studien heben die tiefe Intertextualität und die anspruchsvolle Neuinterpretation der Schriften Israels im Hebräerbrief hervor, insbesondere in seiner Darstellung Christi als Hohepriester und Mittler.

Die rhetorische Kritik hat sich für die Interpretation des Hebräerbriefs als besonders fruchtbar erwiesen. Ausgehend von der Erkenntnis, dass sich der Hebräerbrief eher wie eine Predigt als wie ein traditioneller Brief liest, haben Wissenschaftler seine Struktur, seine rhetorischen Strategien und seine Überzeugungstechniken untersucht. Besonderes Augenmerk wurde auf die Verwendung von Vergleichen (Synkrisis), den Wechsel zwischen Ermahnung und Auslegung sowie die Ansprache der Gefühle und Erfahrungen der Zuhörer gelegt. Diese Studien unterstreichen die pastorale Absicht des Briefes und zeigen, wie theologische Ansprüche in einen sorgfältig formulierten Appell an die Ausdauer, das Engagement und die Hoffnung der Gemeinde eingebettet sind.

Eng verwandt sind narrativ-kritische Ansätze, die sich darauf konzentrieren, wie der Hebräerbrief eine zusammenhängende Erzählwelt konstruiert und die Leser einlädt, diese zu bewohnen. Diese

Interpretationen betrachten den Brief nicht einfach als eine Sammlung von Argumenten, sondern als theologische Erzählung, die die Geschichte Israels neu gestaltet, Bund und Priestertum neu definiert und die Leser in ein eschatologisches Drama einbettet. Solche Ansätze unterstreichen die zeitliche Komplexität des Briefes – seine Betonung dessen, was bereits erfüllt ist, was gegenwärtig durch Glauben erreichbar ist und was noch kommen wird.

In den letzten Jahrzehnten haben ideologische und kontextuelle Lesarten neue Wege zur Auseinandersetzung mit dem Hebräerbrief eröffnet. Feministische Wissenschaftlerinnen untersuchten die Verwendung patriarchalischer Bilder, die männlich dominierten Glaubensvorstellungen und das Fehlen weiblicher Stimmen. Während einige den Hebräerbrief für die Verstärkung hierarchischer und ausgrenzender Muster kritisierten, untersuchten andere das subversive Potenzial seiner Theologie, insbesondere in seiner Vision von Solidarität, Marginalisierung und Transformation.

Postkoloniale und libertistische Interpreten fanden im Hebräerbrief gleichermaßen Herausforderung und Hoffnung. Die Betonung des "Austritts aus dem Lager" (13,13) und des Ertragens von Schmach wurde als Aufforderung zur Identifikation mit den Unterdrückten und Ausgegrenzten verstanden. Gleichzeitig wirft die häufige Verwendung hierarchischer Sprache Fragen darüber auf, wie der Hebräerbrief in Kontexten von Macht und Widerstand kritisch und konstruktiv gelesen werden kann. Diese Lesarten laden zu einer weiteren Reflexion über die gesellschaftspolitischen Implikationen des theologischen Diskurses ein.

Die Rezeptionsgeschichte ist zu einem weiteren wichtigen Forschungsgebiet geworden. Sie untersucht, wie der Hebräerbrief im Laufe der Zeit und in verschiedenen Traditionen interpretiert und eingesetzt wurde. Von der patristischen Exegese bis zum mittelalterlichen Gebrauch in Mönchen, von reformatorischen Debatten bis hin zu modernen liturgischen Kontexten haben Wissenschaftler untersucht, wie sich verschiedene Gemeinschaften die Themen Priestertum, Opferbereitschaft und Beharrlichkeit des Hebräerbriefs angeeignet haben. Die Rezeptionsgeschichte offenbart die Vielfalt der Nachwirkungen des Hebräerbriefs und zeigt, wie seine Bedeutung durch wechselnde historische und theologische Belange geprägt wurde.

Schließlich betrachten theologische Interpretationen des Hebräerbriefs den Brief weiterhin als lebendige Stimme der christlichen Theologie. Zeitgenössische Theologen haben den Hebräerbrief herangezogen, um über Themen wie Christologie, Sühne, Ekklesiologie und Eschatologie nachzudenken. Die Darstellung Jesu als Begründer und Vollender des Glaubens, seine Vision himmlischer Anbetung und sein anhaltender Aufruf zur Beharrlichkeit fanden in allen Traditionen Anklang und dienten sowohl der doktrinellen Reflexion als auch der spirituellen Bildung.

Zusammenfassend lässt sich sagen, dass moderne Ansätze zum Hebräerbrief ein breites und wachsendes Forschungsfeld widerspiegeln. Ob durch kritische Rekonstruktion, literarische Analyse, ideologische Auseinandersetzung oder theologische Aneignung – Wissenschaftler entdecken im Hebräerbrief weiterhin ein reichhaltiges und provokantes Zeugnis frühchristlichen Glaubens und frühchristlicher Vorstellungswelt. Diese vielfältigen Lesarten stellen sicher, dass der Hebräerbrief nicht nur ein Thema von historischem Interesse bleibt, sondern auch ein Text, der immer wieder neue Kontexte und Fragen aufwirft.

Kapitel 17
Studienfragen und Übungen

Dieses Kapitel bietet eine Reihe von Lernhilfen, die das Lernen fördern, kritisches Denken anregen und die individuelle oder gruppenweise Auseinandersetzung mit dem Hebräerbrief unterstützen. Diese Übungen eignen sich besonders für den Unterricht, kirchliche Lerngruppen oder für unabhängige Leser, die einen strukturierten Ansatz suchen.

Diskussionsfragen

Wie wird in Hebräer 1 der Sohn den Engeln gegenübergestellt und warum ist dies von Bedeutung?

Welche Themen der Solidarität und des Priestertums werden in den Kapiteln 2–4 eingeführt?

Wie wird die Figur Melchisedeks im Hebräerbrief in den Kapiteln 5–7 neu interpretiert?

Auf welche Weise wird der Bund in Hebräer 8 im Licht Christi neu definiert?

Welche theologischen und pastoralen Implikationen ergeben sich aus dem "ein für alle Mal" gebrachten Opfer in den Kapiteln 9–10?

Wie dienen die Beispiele in Hebräer 11 der umfassenderen Ermahnung zum Durchhalten?

Was sagt Hebräer 12 über göttliche Disziplin und gemeinschaftliche Beharrlichkeit aus?

Wie fasst das letzte Kapitel (13) die ethische und gemeinschaftliche Vision des Briefes zusammen und wie wendet es sie an?

Themenbezogene Aufsatzthemen

Analysieren Sie die christologischen Behauptungen des Hebräerbriefs und wie sie sich auf das Alte Testament beziehen.

Vergleichen Sie die Verwendung der Heiligen Schrift durch die Hebräer mit anderen Schriften des Neuen Testaments.

Erkunden Sie die rhetorische Struktur und den Argumentationsfluss im Hebräerbrief.

Besprechen Sie die Spannung zwischen Warnung und Ermutigung in der pastoralen Strategie des Briefes.

Ideen für Forschungsarbeiten

Die Rolle des Motivs des himmlischen Heiligtums im Hebräerbrief.

Eine Erforschung des Glaubens in Hebräer 11 im Licht der antiken jüdischen Literatur.

Die Rezeption des Hebräerbriefs in der patristischen Theologie und Liturgie.

Eine vergleichende Studie der Hebräer- und Paulusbriefe zum Thema Bund.

Exegetische Übungen

Lesen Sie Hebräer 4,14–16 genau durch. Welche Bedeutung hat es, sich dem Thron der Gnade zu nähern?

Analysieren Sie Hebräer 10,19–25. Welche Funktion erfüllt diese Passage als Brücke im Brief?

Untersuchen Sie das Zitat aus Jeremia 31 in Hebräer 8. Wie wird es christologisch neu interpretiert?

Diese Übungen zielen darauf ab, eine tiefere Auseinandersetzung mit dem Text zu fördern und den Leser in die Lage zu versetzen, den Hebräerbrief sowohl kritisch als auch andächtig zu interpretieren.

Auswahlbibliografie

Attridge, Harold W. *The Epistle to the Hebrews.*
   Hermeneia. Philadelphia: Fortress Press, 1989.

Bauckham, Richard, Daniel R. Driver, Trevor A. Hart,
   & Nathan MacDonald, eds. *The Epistle to the
   Hebrews and Christian Theology.* Grand Rapids:
   Eerdmans, 2009.

Cockerill, Gareth Lee. *The Epistle to the Hebrews.* New
   International Commentary on the New
   Testament. Grand Rapids: Eerdmans, 2012.

Cosby, Michael R. *Apostle to the Conquered: Reimagining
   Paul's Mission.* Grand Rapids: Eerdmans, 2005.

DeSilva, David A. *Perseverance in Gratitude: A Socio-
   Rhetorical Commentary on the Epistle to the
   Hebrews.* Grand Rapids: Eerdmans, 2000.

Dunnill, John. *Covenant and Sacrifice in the Letter to the
   Hebrews.* Society for New Testament Studies
   Monograph Series 75. Cambridge: Cambridge
   University Press, 1992.

Guthrie, George H. *The Structure of Hebrews: A Text-
   Linguistic Analysis.* Novum Testamentum
   Supplements 73. Leiden: Brill, 1994.

Hagner, Donald A. *Encountering the Book of Hebrews: An
   Expository Survey.* Grand Rapids: Baker
   Academic, 2002.

Isaacs, Marie E. *Sacred Space: An Approach to the Theology of the Epistle to the Hebrews*. Journal for the Study of the New Testament Supplement Series 73. Sheffield: Sheffield Academic Press, 1992.

Johnson, Luke Timothy. *Hebrews: A Commentary*. New Testament Library. Louisville: Westminster John Knox Press, 2006.

Koester, Craig R. *Hebrews: A New Translation with Introduction and Commentary*. Anchor Yale Bible 36. New Haven: Yale University Press, 2001.

Lane, William L. *Hebrews 1–8* and *Hebrews 9–13*. Word Biblical Commentary 47A–B. Dallas: Word Books, 1991.

Mason, Eric F., and Kevin B. McCruden, eds. *Reading the Epistle to the Hebrews: A Resource for Students*. Atlanta: Society of Biblical Literature, 2011.

Moffitt, David M. *Atonement and the Logic of Resurrection in the Epistle to the Hebrews*. Supplements to the Journal for the Study of Judaism 141. Leiden: Brill, 2011.

Rhee, Victor (Sung-Yul). *Faith in Hebrews: Analysis within the Context of Christology, Eschatology, and Ethics*. Studies in Biblical Literature 65. New York: Peter Lang, 2001.

Rothschild, Clare K. *Hebrews as Pseudepigraphon: The History and Significance of the Pauline Attribution*. Wissenschaftliche Untersuchungen zum Neuen Testament 235. Tübingen: Mohr Siebeck, 2009.

Schreiner, Thomas R. *Commentary on Hebrews*. Biblical Theology for Christian Proclamation. Nashville: B&H Academic, 2015.

Thompson, James W. *Hebrews*. Paideia Commentaries on the New Testament. Grand Rapids: Baker Academic, 2008.

Young, David. *The Concept of Canon in the Reception of the Epistle to the Hebrews*. The Library of New Testament Studies. London: T&T Clark, 2022.

Anhang A

Zeitleiste der Rezeption der Hebräer

ca. 60–90: Wahrscheinliches Datum der Entstehung des Hebräerbriefs.

2. Jahrhundert: Fragmentarische Verwendung durch Kirchenväter; nicht im Muratorianischen Fragment aufgeführt.

3.–4. Jahrhundert: Weite Akzeptanz der Paulusbriefe in griechischen Sammlungen.

Ende des 4. Jahrhunderts: Aufnahme in lateinische Kanonlisten (z. B. Konzile von Hippo und Karthago).

Ab der patristischen Zeit: Regelmäßige Verwendung in theologischen Überlegungen, der Liturgie und der kirchlichen Unterweisung.

Anhang B

Glossar der wichtigsten Begriffe

Apostasie: Der Akt des Aufgebens des Glaubens; ein immer wiederkehrendes Thema im Hebräerbrief.

Christologie: Das theologische Studium der Person und des Werkes Christi; der Hebräerbrief leistet bedeutende Beiträge zur frühchristlichen Christologie.

Bund: Eine von Gott eingesetzte Beziehung zwischen Gott und der Menschheit. Im Hebräerbrief wird der alte Bund dem durch Christus ins Leben gerufenen neuen Bund gegenübergestellt.

Versöhnungstag: Das jährliche Ritual unter dem Alten Bund, das Opfer und priesterliche Vermittlung beinhaltet; ein Hintergrund für das Verständnis des einmaligen Opfers Christi.

Ermahnung: Dringender pastoraler Appell; der Hebräerbrief wird als "Wort der Ermahnung" beschrieben.

Glaube: In Hebräer 11 als Gewissheit und Überzeugung definiert; ein zentrales Thema im gesamten Brief.

Hohepriester: Ein zentraler Titel für Christus im Hebräerbrief; weist auf seine Rolle als Vermittler vor Gott im Namen der Menschheit hin.

Melchisedek: Ein mysteriöser Priesterkönig in Genesis 14 und Psalm 110, im Hebräerbrief typologisch als Muster für das Priestertum Christi interpretiert.

Heiligtum: Der heilige Ort der Anbetung; im Hebräerbrief wird das irdische Heiligtum dem himmlischen gegenübergestellt, in das Christus eintrat.

Septuaginta (LXX): Die griechische Übersetzung der hebräischen Bibel, die häufig in Zitaten und Interpretationen des Hebräerbriefs verwendet wird.

Typologie: Eine Interpretationsmethode, bei der Figuren oder Ereignisse des Alten Testaments Realitäten vorwegnehmen, die in Christus erfüllt wurden.

Warnende Passagen: Texte im Hebräerbrief (z. B. 6,4–6; 10,26–31), die vor Apostasie warnen und die Ernsthaftigkeit der Beharrlichkeit betonen.

Anhang C

Ausgewählte Texte des Alten Testaments, zitiert im Hebräerbrief

Dieser Anhang enthält eine Auswahl wichtiger Passagen des Alten Testaments, die im Hebräerbrief zitiert werden, mit Kommentaren zu ihrem ursprünglichen Kontext und dazu, wie der Autor des Hebräerbriefs sie christologisch neu interpretiert.

Genesis 2,2

URSPRÜNGLICHER KONTEXT: Beschreibt Gottes Ruhe am siebten Tag nach der Schöpfung.

VERWENDUNG IM HEBRÄERBRIEF: Wird in Hebräer 4,4 zitiert, um das Konzept einer Sabbatruhe für das Volk Gottes zu untermauern. Der Hebräerbrief interpretiert diese Ruhe typologisch als eine geistige Ruhe, die Gläubigen durch Glauben und Gehorsam in Christus zugänglich ist.

Genesis 14,18–20

URSPRÜNGLICHER KONTEXT: Erzählt von Melchisedek, König von Salem und Priester des Allerhöchsten Gottes, der Abram segnet.

VERWENDUNG IM HEBRÄERBRIEF: Bildet die Grundlage von Hebräer 7, wo Melchisedek als ein Sinnbild Christi dargestellt wird – ewig, ohne

Stammbaum und den levitischen Priestern überlegen. Der Hebräerbrief nutzt diese Erzählung, um die Vorstellung zu begründen, dass Jesu Priestertum "nach der Ordnung Melchisedeks" sei.

Exodus 19,12–13
URSPRÜNGLICHER KONTEXT: Gott warnt Israel bei der Gesetzesgebung davor, Abstand vom Berg Sinai zu halten.
VERWENDUNG IM HEBRÄERBRIEF: In Hebräer 12,18–21 wird darauf angespielt, um den furchterregenden, unzugänglichen Sinai der einladenden Vision des Berges Zion gegenüberzustellen. Dieser Kontrast betont die Überlegenheit des neuen Bundes und den Zugang des Gläubigen zu Gott.

Exodus 24,8
URSPRÜNGLICHER KONTEXT: Moses besprengt das Volk mit dem Blut des Bundes, um Gottes Bund am Sinai zu bekräftigen.
VERWENDUNG IM HEBRÄERBRIEF: Zitiert in Hebräer 9,20 als Parallele zum Opferblut Christi. Der Autor stellt die begrenzten und äußeren Auswirkungen der mosaischen Rituale der inneren und ewigen Reinigung gegenüber, die Christus bewirkte.

Deuteronomy 32,35–36

URSPRÜNGLICHER KONTEXT: Gott erklärt seine Rolle als gerechter Richter seines Volkes.

VERWENDUNG IM HEBRÄERBRIEF: Wird in Hebräer 10,30 als Teil einer strengen Warnung vor dem Gericht für diejenigen zitiert, die die in Christus angebotene Gnade verschmähen. Die Passage unterstreicht die göttliche Gerechtigkeit und die Vergeltung gegen Abtrünnigkeit.

Psalm 8,4-6

URSPRÜNGLICHER KONTEXT: Reflektiert die überraschende Würde und Stellung des Menschen in Gottes Schöpfung. VERWENDUNG IM HEBRÄERBRIEF: Zitiert in Hebräer 2,6–8, um Jesu volle Identifikation mit der Menschheit und seine höchste Erhabenheit über alles zu bekräftigen. Der Psalm dient als Linse, um Christus als den wahren Menschen zu sehen, der Gottes Plan für die Menschheit erfüllt.

Psalm 22,22

URSPRÜNGLICHER KONTEXT: Ein Schrei nach Erlösung wird zu einer Lobpreisung und Verkündigung unter den Gläubigen.

VERWENDUNG IM HEBRÄERBRIEF: Wird in Hebräer 2,12 als Teil des Arguments zitiert, dass Jesus die Leiden und Erfahrungen seiner Brüder und Schwestern teilt. Das Zitat unterstreicht Jesu Rolle als Leiter einer erlösten Gemeinde im Gottesdienst.

Psalm 40,6-8

URSPRÜNGLICHER KONTEXT: Drückt das Verständnis des Psalmisten aus, dass Gehorsam Gott mehr gefällt als Opfer.

VERWENDUNG IM HEBRÄERBRIEF: Zitiert in Hebräer 10,5–7, in der LXX-Version, wo es heißt: "Einen Leib hast du mir bereitet." Dieser entscheidende Unterschied ermöglicht es dem Hebräerbrief, Christus als denjenigen darzustellen, der durch seinen fleischgewordenen Leib vollkommenen Gehorsam bietet und damit Gottes wahren Willen erfüllt.

Psalm 95,7-11

URSPRÜNGLICHER KONTEXT: Warnt die Generation der Wildnis davor, ihre Herzen zu verhärten und Gottes Ruhe zu verpassen.

VERWENDUNG IM HEBRÄERBRIEF: Zitiert in Hebräer 3,7–11 und in Kapitel 4 als Warnung an die damalige Leserschaft. Die "Ruhe" wird als noch gültiges Versprechen interpretiert und fordert die Leser auf, mit Glauben zu reagieren.

Psalm 102,25-27

URSPRÜNGLICHER KONTEXT: Eine Erklärung der ewigen Natur Gottes inmitten menschlicher Schwäche.

VERWENDUNG IM HEBRÄERBRIEF: Zitiert in Hebräer 1,10–12 und auf den Sohn bezogen, wodurch die göttliche Unveränderlichkeit und Überlegenheit Christi über die Schöpfung betont wird.

Psalm 110,1,4

URSPRÜNGLICHER KONTEXT: Feiert die Inthronisierung einer königlichen Priesterpersönlichkeit.

VERWENDUNG IM HEBRÄERBRIEF: Wird wiederholt zitiert, um Christi königliche Autorität (1,13) und sein ewiges Priestertum (5,6; 7,17. 21) zu begründen. Psalm 110 dient als Eckpfeiler der Christologie des Hebräerbriefs und als Argument für Jesu einzigartigen Status.

Jesaja 8,17-18

URSPRÜNGLICHER KONTEXT: Jesaja bringt sein Vertrauen in Gott zum Ausdruck und bezeichnet sich und seine Kinder als Zeichen für Israel.

VERWENDUNG IM HEBRÄERBRIEF: In Hebräer 2,13 zitiert, um Jesu Verbundenheit mit der Menschheit zu bekräftigen. So wie Jesaja unter seinem Volk steht, so identifiziert sich Jesus voll und ganz mit denen, die er erlöst.

Jeremia 31,31-34

URSPRÜNGLICHER KONTEXT: Kündigt einen zukünftigen neuen Bund an, der ins Herz geschrieben ist und von Vergebung und innerer Transformation geprägt ist.

VERWENDUNG IM HEBRÄERBRIEF: Vollständig zitiert in Hebräer 8,8–12 und erneut erwähnt in 10,16–17. Der Hebräerbrief stellt Jesus als Mittler dieses verheißenen neuen Bundes dar, der den alten ersetzt und Vergebung und die Nähe zu Gott bringt, die das alte System nicht gewährleisten konnte.

Habakuk 2,3–4

URSPRÜNGLICHER KONTEXT: Ein Aufruf, geduldig auf Gottes Gerechtigkeit zu warten, mit der Betonung, dass die Gerechten durch den Glauben leben werden.

VERWENDUNG IM HEBRÄERBRIEF: Zitiert in Hebräer 10,37–38 als Teil des Aufrufs zur Beharrlichkeit. Es unterstützt die Idee, dass anhaltende Treue, selbst in Zeiten der Verzögerung oder des Leidens, das Zeichen der Gerechtigkeit ist.